G R A V I T A R E 万有引力

[德] 伊丽莎白·冯·塔登 —————— 著
顾牧 —————— 译

自我决定的孤独

难以建立亲密感的社会

SPM 南方传媒 | 广东人民出版社
·广州·

图书在版编目（CIP）数据

自我决定的孤独：难以建立亲密感的社会 /（德）伊丽莎白·冯·塔登著；顾牧译．—广州：广东人民出版社，2023.7 重印
（万有引力书系）
书名原文: Die berührungslose Gesellschaft
ISBN 978-7-218-16017-7

Ⅰ.①自… Ⅱ.①伊… ②顾… Ⅲ.①人际关系—通俗读物 Ⅳ.①C912.11-49

中国版本图书馆CIP数据核字（2022）第178846号

The translation of this work was supported by a grant from the Goethe-Institut

ZIWO JUEDING DE GUDU：NANYI JIANLI QINMIGAN DE SHEHUI
自我决定的孤独：难以建立亲密感的社会
［德］伊丽莎白·冯·塔登 著 顾牧 译

出 版 人：肖风华

丛书策划：施 勇 钱 丰
责任编辑：陈 晔 黄炜芝
营销编辑：龚文豪 张静智
责任技编：吴彦斌 周星奎

出版发行：广东人民出版社
地　　址：广州市越秀区大沙头四马路10号（邮政编码：510199）
电　　话：（020）85716809（总编室）
传　　真：（020）83289585
网　　址：http://www.gdpph.com
印　　刷：广州岭美文化科技有限公司
开　　本：889毫米×1194毫米 1/32
印　　张：6.25　　字　　数：150千
版　　次：2023年3月第1版
印　　次：2023年7月第2次印刷
版权登记号：图字19-2022-129号
定　　价：68.00元

如发现印装质量问题，影响阅读，请与出版社（020-85716849）联系调换。
售书热线：（020）85716833

目　录

引　言　陌生的拥抱

某个夏日，德国耶拿“天堂”火车站，一幅巨型广告映入眼帘：一个黑发美人站在浴室里，身体被轻雾一般的白色肥皂泡所簇拥。被假想成某种形状的肥皂泡围裹在一个人的身上，要给这个人庇护和安慰，它为什么要这样做？站台上的广告语给出了解释：为了“呵护您的肌肤”。这就有些奇怪了，这句话里包含了几层意思：“您的肌肤”，对这个人使用尊称显示了一种疏离；被“呵护”的是脆弱的人类，判断某种接触是否会带来伤害的这层“肌肤”则被拥抱在肥皂泡中。

日常生活中的一些蛛丝马迹能够让我们看到人们思想和情感的变化。于是站在某一个站台上，我突然产生了这样的疑问：为什么在一个社会里，会有人醉心于来自肥皂泡的贴心呵护？再看一眼，更觉得讶异：广告屏上那宛若人形的肥皂泡既非男，也非女，而是兼具两者的特点。它与西方艺术史上的两幅圣像画有惊人的相似之处：一幅是波提切利创作于1484年前后的名画《维纳斯的诞生》，画中披散着头发的维纳斯后来成为女性美的象征，肥皂泡人形的头和飘舞的头发就像那个维纳斯。另一幅是柯勒乔1531年的画作《朱庇特与伊俄》，在画中，神王朱庇特化身云雾，拥吻着伊俄完美、洁白的身体。

于是在突然间便危机四伏的欧洲，一家制造肥皂的企业借助一家有文化的广告公司，触碰到了一个敏感的点：身体接触是必要的，但伤害不可以。发生在浴室中的伤害被希区柯克的电影《惊魂记》表现到了极致。广告上的肥皂泡美人经历的是让人愉悦的身体接触，这已经超出了传统意义上的性。肥皂泡美人很享受这种接触带给她的呵护，但我们都知道，对现实生活中的血肉之躯而言，身体接触所引起的结果远不止于此，它能让人精神突然振奋，使人敞开心胸，也能带来威胁、伤害，让人感到恶心，甚或造成意想不到的危险。这件事的两面性显而易见：对亲密接触的开放态度既会带来一切保护行为要竭力避免的伤害，同时也获得每个人都需要的关怀。亲密接触是必要的，但似乎也不能太亲密，我们永远不知道别人是否危险或者让人讨厌，当身体想获得拥抱，肥皂泡显然比人更安全。

肥皂泡的拥抱用艺术的方式表现出我们上文说到的这种尴尬局面，而这正是本书想要探讨的问题。在今天，我们亲身经历着划时代的变化，在这个后现代社会中，个人拥有的生活空间超过以往任何时候，每个人都有不被伤害的权利，伤害身体的行为是要受到惩罚的。此外，移动和电子技术也拉开了人与人身体间的距离，每个人都希望将自己的身体资源作为独立的个体投入市场。与此同时，人们孤独感越来越强，伴随而来的还有恐惧感。那么在这样一个时代，身体接触又意味着什么？

本书想要阐发的观点是：我们的社会已经不安地发现，即使最完美的身体也会受到伤害，而且身体是需要亲密和接触的。每个人心中都有一个矛盾的想法，既渴望亲近，又希望得到保护，不被那些违背自己意愿的亲近伤害。现在我们还不知道这个社会将朝着什么样的方向发展，人与人是能够无所畏惧地相互关心、心甘情愿地彼此亲近，还是充满猜疑的自我封闭、控制的欲望和对接触的绝对回避会占据上风。什么都是有可能的。

波兰裔英国社会学家齐格蒙特·鲍曼在他去世前出版的最后一本书《怀旧的乌托邦》（*Retrotopia*）中说，影响力难以估量的暴力行为引起跨越国境的危机和事件，让我们这些西方世界的公民想起自己曾经多么脆弱。[1] 鲍曼的著作告诉我们，现代社会从一开始就是具有这种双面性的，而我们自己几乎已经忘记了这一点。这种双面性背后是启蒙思想追求的广泛平等，在这种思想之下，对身体的暴力和造成生理伤痛的行为受到法律遏制，它们应像曾经存在过的野蛮暴力行为一样消失。[2]

我们这些生活在后现代社会的个体已经将自己彻底密封起来，皮肤刀枪不入，一味塞住耳朵，低头盯着智能手机，不受任何干扰，为的是能够在移动中迎接各种挑战。但只要随便扫一眼那些屏幕，我们就能清楚地看到：在相互紧密依存的欧洲国家中，成百上千万的高危人群正用多媒体的方式明白无误地告诉大家，什么是国家也无法提供保护的真正的脆弱。保加利亚政治学家伊万·克拉斯捷夫（Ivan Krastev）在杂文《迟暮的欧洲》（*Europadämmerung*）中便提醒人们注意这一点，他认为在难民危机和一体化的欧洲开始动摇的时候，尤其是西方世界的公民会重新意识到自己的脆弱，尽管在1945 年之后，他们曾经认为这一点已经克服。[3]

本书要探讨的正是人类的脆弱，[4] 我希望从身体的字面意义上理解并追踪有关身体危机的研究，这能让我们看到危机的各种变化。现代社会要给所有人的自我发展以同样的空间和保护，一步步为身体争取不受伤害的权利；同时，身体与身体之间的空间距离也在不断增加。在工业现代化的时代，人的身体先是成为劳动资料；随后，后现代社会又开始追求身体资源利用的最大化，尤其是在网络上，人们越来越要求身体的完美，不断向身体兜售健康，并向其承诺性方面的自决权。这个社会让身体变老，变得需要被保护，因而也更加容易被伤害，同时渐渐失去繁衍子嗣的能力。

从这个意义上讲，身体现在正处在昨天、今天和明天的过渡中：养生、运动、膳食营养和保健产业合力设计出完美的个人身体形象，并深刻影响着人们对于后资本主义时期应以什么形象示人的看法。但是，这种看法现在已经开始出现裂缝，变得不牢固。人们发现，人一生中最多能够有几年时间，并且只在世界上的少数地方能够期望自己不受到伤害。除此之外，我们几乎在任何时候、任何地方都需要与他人近距离接触。身处这个无接触式社会，很多人感到孤独，四下寻找，希望能找到些许亲近感，哪怕付费也可以。有的人为主动的亲近思考新的方法，或者说为了一个能够对人的脆弱表示尊重、认为人是可以触摸的后现代社会思考出路。

这样的想法是有充足理由的：如果看看欧洲使用武力扩张的历史，那么现代的法律无疑正越来越转向杜绝暴力。在今天，依仗自己的强势地位来利用别人的脆弱被认为是不道德的。持怀疑立场的观察者们虽然在判断是否进步的方面很谨慎，但对这件事他们是有定论的：从 18 世纪中期开始，这种进步就一点点在显现。没有人可以在不被允许的情况下强行靠近他人。这一点对所有人来说都适用，对妇女、儿童和老年人尤其如此。我们曾经长期忽视对这些人的保护，比如那些不得不面对主人侵犯的女佣们。在过去几十年中，妇女和儿童所需要的特殊保护在德国以宪法和刑罚的形式得到了保障，这些变化能够让我们在面对他人的时候更加放松，心态更加开放。

但是新出现的对各种侵害的防护在很多人看来依然是不堪一击的。对于那些非自愿的身体接触，社会终于提高了警惕。反性骚扰运动“Me-too”让我们看到围绕这个问题的激烈争论。[5] 还有一个进步也正在显现，那就是社会标准的改变：我们终于可以大范围、公开地说身体是有申诉权的，面对他人对权力的滥用，我们无需再保持沉默。而且，男人们也终于成为这一改变的维护者，因为越来越多的人发现，自愿的爱情要好于传统的强权模式。

尽管如此，人们显然还是非常不确定这种不伤害他人的承诺在未来会变成什么样。有些人认为，强迫与侵害有可能会卷土重来。我也想通过这本书，让现代社会所获得的那些不稳固的成就被人看到，因为这些成就是每个人都能亲身感受到的：受法律保护的主动接触和没有恐惧感的开放心态。不管怎样，这些都是另外一种可能性，历史的一个真实的可能，虽然这些成就从来就不是稳固的或者有保障的。

我们一旦注意到了上文中所说的这种不确定性，那么在看任何一本书、走任何一条街道、去电影院或者上网的时候，就都能发现各种各样的信号：比如 2018 年 2 月，获得柏林电影节金熊奖的影片，罗马尼亚女导演阿迪娜 · 平蒂列（Adina Pintilie）的作品《不要碰我》（*Touch Me Not*），就在观众中引起了很大反响。这部作品以长达七年的调查为基础，讲述的是人对身体接触的恐惧和渴望，这一点应该说并不符合欲望的常见标准。战后法国最成功的一部影片，在德国上映的时候名字叫《几乎是挚友》（*Ziemlich beste Freunde*），法文原版的名字是《触不可及》（*Intouchables*）。在这部影片中，一个身受重伤的中年人不得不由一个刑满释放的年轻人照顾生活起居，这种身体护理如今已经被视为一种人性化的靠近和接触。再来看一个日常生活中的例子：有一家大学的医院要招聘护理人员，招聘启事的背景是极度放大的指纹："细腻敏感如指尖（Fingerspitzengefühl）？必不可少。"[6]身体接触在政界也被运用到了表演级别：年轻的法国总统马克龙精心设计了触碰美国总统特朗普的环节，以此在各国媒体前展示两国之间的亲密关系。[7]

于是某一天起，我开始记录这些街道上、会面时以及各种研究与论文、谈话、哲学、电影、文学等之中引起我注意的事件，本书就是在此基础之上形成的。全书分为四章，分别讲述了作为展示场所的身体四个划时代变化的维度。虽然在书中，四章是先后排列的，但我还是努力将各个部分安排得让读者可以从任意一处或任意一章开始阅读。[8]

第一个维度主要是讲皮肤的接触——这种接触的不可替代——或者说人的触觉，当今的性革命，孩子、病患或老人应有而没有的那些身体接触，以及对人类是否忘记自己是哺乳动物的担忧（第一章）。第二个维度是法律和政治。从现代社会开始以来，人们就在这些领域为身体争取不受伤害的权利，但很多加诸身体上的伤害却长时间保持了合理性，我想要讲的是从这种迟滞生出的政治力量（第二章）。第三个维度讲的是不用再生活在逼仄中的欧洲人，由于身体与身体之间的距离极大地拉开，减少了非自愿亲近和身体接触的几率，人的意愿有了新的空间，但非自愿的孤独却因此占据了上风（第三章）。在最后，我想讲的是高移动性的后现代社会怎样让身体保护变得空前迫切：每个人都将自己的身体投入市场，这个劳动市场仔细打量这些身体，但它并不是哪一个都要。很多人出于提高竞争力的考虑，让自己变得无法触碰，而艺术和哲学却在寻找另外一种解决办法（第四章）。

但有一点我想提前说明：我们只要描画出一条贯穿始终的红线，它就很容易被人当成唯一的、超越一切的大潮流，大有主宰一切的样子。这样一来，我们不但会看不见现代社会如同无数根线交织而成的多元形态，也会看不到世界各国的各种文化如何以不同的形式对侵犯表示蔑视的同时，让人与人的亲近变成可能。说得更明确一点：从历史角度看，保护身体不受伤害的并不只是欧洲，我也不想把自愿的相互亲近说成似乎是欧洲独有。毋庸置疑的是，有关身体的观点发生了翻天覆地的变化。[9]我想用自己切身经历的这个社会来描述这段历史，希望能够找到一些线索来解释耶拿“天堂”火车站那幅广告上，站在浴室中的年轻女人所需要的保护为什么偏偏来自肥皂泡。

第一章

指尖的触感

第一节　身体接触之重与触觉研究之轻

身体接触这事要谨慎，手可以，小臂也还行。在大多数的文化中，人们如今都能够接受陌生人摸自己的手，不过在类似握手这样的礼仪中，人与人的身体之间是保持着距离的。除此之外的几乎所有触碰都会让人感觉不舒服，摸脸或者私处就更不行了。但是跟亲近的人，比如家人或者朋友，就不太一样：一般来说轻轻触碰肩膀、头和脊背都是可以的，这不会让人觉得不悦。[1]不过也只限于此，除此之外的触碰还是会让人不舒服。主动的拥抱则是例外。

但每种文化对身体接触的接受程度又不一样：有研究证明，在波多黎各，人们在小饭馆里的一场谈话中，平均每小时的身体接触约180次，[2]在法国是30分钟内110次，而在美国则只有2次。[3]此外，还有一些身体接触被证明是能够产生某些效用的：有证据显示，在欧洲的餐馆里，如果服务生轻轻地、不经意地触碰客人，例如碰一碰上臂，那么客人会给更多的小费。[4]我很想知道这是为什么。关于身体接触，我们都知道些什么？

触觉研究专家马丁·格伦瓦尔德（Martin Grunwald）在实验室门前等待我们这些客人，并与我们握手。这是一个五十出头的男人，四肢纤细，戴着无边眼镜，穿一件红色的套头毛衣。他是莱比锡大学保尔－弗莱斯希学院触觉实验室的创建者，这个实验室隶属医学系，在一间半地下室里。格伦瓦尔德抽烟斗，说话有萨克森口音。他是触觉研究领域的杰出人才，却主动选择从充满传奇色彩的麻省理工学院回到德国，因为他不喜欢总是为军方服务。

格伦瓦尔德出版于2008年的著作《人类的触觉感知》（*Human Haptic Perception*）是触觉研究领域的经典作品。2017年，他又出版了这部著作的通俗版，名为《人的触觉》（*Homo Hapticus*）。在这本书中，他总结了一些人们已知的事，例如我在本章开头列举的那些例子。此外，格伦瓦尔德还解释了为什么人类能够在没有视觉、听觉或者嗅觉的情况下生活，却跟其他灵长类动物一样，如果失去了皮肤接触，不能被触碰或抚摸，就无法正常成长。肌肤接触能够促使身体成长，身体接触能够缓解压力，这些接触从孩子一出生就刺激着大脑发育，促进海马体的生长，由此也影响记忆力和身体的发育。[5]如果人类不能够获得身体接触，他们就会死去，正如发生在罗马尼亚孤儿院中的孩子身上的悲惨故事。[6]

但奇怪的是，在现代感官研究中，触觉研究是绝对的“二等公民”。宾夕法尼亚州人类进化与多样性研究中心主任、人类学家、行为研究专家妮娜·G. 雅布隆斯基（Nina G. Jablonski）对此感到很遗憾：“虽然被称作‘所有感官之母’，但到目前为止，大家对触觉的关注还是很少，对触觉在灵长类动物进化中的作用研究得也很少。”[7]格伦瓦尔德在《人的触觉》中这样写道：“全世界只有寥寥数百名科学家对人类的触觉感知进行基础和应用类的研究。”为什么会这样呢？

走下几级台阶，拐个弯，我们来到一个散发着另外一个时代气息的地方，这里有些像 18 世纪 50 年代的欧洲：一个需要动手的实验室，其研究建立在人的体验基础之上，是有形的，能够理解的，需要调动所有感官。这里的木头架子上和抽屉中放着我们能够想到的各种可以触摸的工具和其他东西，所有能够想象的、实际存在的东西，例如各种看不出是什么的液体、螺纹、织物，还有一卷卷、一条条的东西，加上锯子、锤子、钳子、螺丝刀。这里没有几本书，也几乎看不到显示屏，所有的一切都舒舒服服地被包裹在从烟斗里冒出的烟雾中。马丁·格伦瓦尔德就坐在莱比锡大学这个半地下室的实验室里，往烟斗里塞着烟丝。“如果不接触这些东西，那什么也发现不了。”他看了一眼自己的“作坊”说道。

为什么关于触觉的研究这么少？古希腊的亚里士多德在关于灵魂的论著中就已经明确地提出，在人类的感知中，只有触觉的缺失会让作为动物的人死亡，但过度触碰，例如使用暴力，人也会死亡，他的这种说法实际上已经指出了人天性中存在的这对矛盾。[8] 格伦瓦尔德摇摇头说：“今天的人为什么对自己最根本的天性视而不见，甚至否认其存在，这是挺不可思议的。在过去的二百年中，我们想尽各种办法忘掉自己是哺乳动物的事实，但这没用啊，我们就是哺乳动物。我们现在恨不能每只手拿两个手机。人类需要皮肤接触，否则就会不确定自己是否存在，人类会因此被恐惧和压力控制。”如果没有正常运行的触觉系统，人就无法分辨前后、上下、左右，会丧失空间感，会感到眩晕，从而渐渐丧失自我。[9]

虽然宪法中规定人的尊严是不可触犯的，但人本身并非不可触碰。人会触碰，也需要被触碰，人需要有生命的肌肤，这会让他们感觉舒服，对这一点格伦瓦尔德深信不疑。在他的著作中，我们可以读到很多类似的句子："温暖柔软的东西与我的身体发生接触对我的身体是有好处的。"[10]得益于在母亲子宫中度过的九个多月，人类是知道这一点的。过去二十年间的一些研究发现并证明了这一点：身体接触产生的刺激可以增强人的免疫系统，起到抑制炎症的作用；[11]身体接触能够减少压力，稳定情绪，对于儿童正在发育的行为和学习能力来说具有决定性作用。[12]

那些在生活中能够得到让人愉悦的身体接触的人，患抑郁症的可能性就比较小，而缺少身体接触的孩子会感到压力。而且不仅仅是孩子，老人同样也很需要身体接触，特别是那些需要护理的老人。善意的触摸能够缓解恐惧感，使呼吸平稳，骨骼肌也会更放松。[13]这一类的触摸会刺激催产素分泌，使血压降低。[14]此外，接触人类的皮肤还能够让人变得坚强。格伦瓦尔德说："人自己的身体中就有一个药房，触摸能够动员起整个身体药房。"

如今，研究者们有了一些非常惊人的发现：由于听觉本身的生理特性，它也被科学研究视为触觉的一种，并且听觉与触觉有相同的效果，无怪乎人们会说音乐能钻进人的毛孔中。如此看来，满大街都是戴着耳机的人也就不奇怪了——音乐能够让他们确定自己的存在。唱歌与让人愉悦的触摸也有相似之处，同样也会刺激催产素产生。接触刺激还具有社会功能：如果我们手里握着温暖的东西，对别人的评判就会比较温和；如果我们的手接触到的是粗糙的表面，我们会更容易体谅他人的艰辛，也较能接受生活的坎坷。[15]已经有证据显示，穿上仿佛第二层皮肤的氯丁橡胶防护服有助于厌食症患者的康复；用布包着孩子并背在身上能够安抚他们；现在大家也都知道，通过抚触和身体刺激能够促进早产儿的发育。[16]但是由于资金投入大，所以现在还没有此方面的长期跟踪研究。

在格伦瓦尔德看来，对触觉的研究享有至高无上的地位，尤其是看到现在的机器人技术试图仿造人类的手（比如用于护理）时遇到的巨大困难，他就知道在这方面至少还有三百年的路要走，不可能更快。触觉需要调动的接触感受器数量多达6亿到9亿个，这意味着产生的信息量将无比巨大。想要制造出护理机器人，至少需要花五十年时间，攻克触觉的难度相当于航天研究计划，并不是增加两三个助理就能做到的。但是，如果格伦瓦尔德在专家听证的时候说这种话，那以后就不会再有人请他参加类似活动。幻象总是比现实更容易被人接受。[17]

那么，触觉研究为什么会迟滞了两百年，人类又为什么要千方百计忘掉自己是哺乳动物？这很好解释，格伦瓦尔德边说边给我们倒上咖啡。这是因为我们两百年来一直是走在一条单行道上，说到这儿他叹了口气：从笛卡尔提出“我思故我在”后，现代社会就只将精神当回事儿，对身体不屑一顾，而触觉在很长一段时间里都被认为是动物的特征。中世纪时，阅读了亚里士多德著作的托马斯·阿奎那还非常笃定地认为感官系统中对认知具有最重要意义的是触觉，没有感觉到的，也不可能出现在人的思想中，这些大家全都忘了。奥德赛的乳母难道不是通过触觉辨认出了归家的人吗？她摸到了英雄小时候在膝盖上留下的伤疤，每次她都是从这个伤疤辨认出奥德赛。[18]但是，现在哪儿还有人读《奥德赛》或者托马斯·阿奎那？

格伦瓦尔德认为，现代从根本上就是一个身体缺失的时代，所有感官中几乎只有眼睛还受人重视。就连在莱比锡创立了实验心理学的威廉·冯特（Wilhelm Wundt）也一样，虽然冯特也读柏拉图的著作，但他顶多也就能接纳视觉，他的研究几乎是纯精神领域的。格伦瓦尔德抓抓自己的头发，说道："如果在研究界，人与人之间的身体接触都不受重视，那么触觉实验室所需的科研经费又从何而来？"并且，这个社会中又处处都能看到证明触觉重要性的表达方式："unter die Haut gehen"（"钻进皮肤下"，指深受感动），"in Reichweite sein"（"触手可及"），"begreifen"和"ein Begriff sein"（"能够抓到"，意为理解），"naheliegend"（"放在旁边"，意为显而易见），"unter Nahestehenden"（"站在旁边的人"，指关系亲密者），"zum Greifen nah"（"伸手就能摸到"，意为临近）或者"unantastbar"（"不可触碰"，指不可触犯、毋庸置疑），"sich etwas vom Leibe halten"（"不让……靠近身体"，意为与……保持距离）或者"handgreiflich"（"动手"，指使用武力）等。

"handgreiflich"这个词得说说：作为哺乳动物的人类从自己的历史上知道了自己是多么容易受到伤害，并想从中总结经验，至少在现代是这样，因为现代本身就可视作一段人与人之间相互滥用暴力的历史，同时它又在为保护身体不受损害而抗争——格伦瓦尔德先生，您作为触觉研究者，难道不应该像对那些让人愉悦的触摸一样，也去关注那些对身体的侵犯吗？您是否忽视了暴力，只是看到人们喜欢的那些触摸及其影响？格伦瓦尔德显然在仔细思考，他低着头，并不急于回答，烟斗香烟袅袅。随后，他谈起了有关哺乳动物的另一个现象："任何形式的触摸，只要是与身体接触的，都有可能对生命构成威胁。所以人类最关心的莫过于如何不让别人随心所欲地靠近自己。视觉或听觉的刺激都可能从身边一闪而过，但触觉刺激不一样，没有任何一次触觉刺激能够不被注意到：每个人都能够在毫秒之间判断某次身体接触是否危险。”

曾经遭受暴力或者侵害的人，他们的身体会牢牢记住这样的经历，虽然个体之间会有些不同。[19] 考虑到这一点的话，那么人为什么会尽力与他人保持距离是不是也就很好理解呢？理解他们为什么会尽力避免非自愿的相互靠近，在生活中成为保持距离的高手。说到这里，格伦瓦尔德又仔细思考了一会儿，接着说到了对身体接触的需求本质中的双面性：“当然，这是能够理解的，但我们越是害怕其他人不经允许就过分靠近，不管是使用暴力还是由于不小心，也就越是会担忧这种靠近的反面——孤独，这也是我们想要避免的。没有与人的接触也是不行的。”

不要太近，也不要太远——我们永远在这两者之间寻找平衡。但如何决定谁可以亲近，谁必须远离呢？我们总是渴望亲近，又恐惧非自愿的亲近；渴望保持距离，又害怕孤独。社会心理学家雪莉·特克尔（Sherry Turkle）在《群体性孤独》（*Alone Together*）一书中就描述了这种在脆弱、孤独、恐惧和欲望之间寻求平衡的行为。她用了一个非常简短的公式：“我们确实非常脆弱。我们很孤独，但是又害怕亲密关系。”[20] 很多人都希望能够在工作能力与竞争力处在巅峰时由自己来掌握这种平衡，哪怕只是短短几年。

同理，人的身体能够接触到的既有善意，也有暴力，但科学研究却似乎进行了严格的分工，格伦瓦尔德看到的是好的那一面。[21] 为什么有些研究者一听到身体接触，首先想到的就是它让人愉悦的那一面，而另外一些研究者，那些研究暴力的人，却将注意力都放在身体接触所带来的伤害上呢？格伦瓦尔德怎么看这个问题？格伦瓦尔德不愿意讲没有根据的话，他在谈话中只是很谨慎地推测说这一定跟研究者自己的童年经历或曾经受到过的影响有关。他本人生活得很好，没有受到暴力或侵犯，所以他看到的都是积极的一面。

但究竟什么样的触摸能够让人愉悦，关于这一点是存在争议的。直到今天，对于非自愿性交之普遍，涉及人群之广，及其被伪装成真正欲望的频率之高，我们也只是刚刚看到冰山的一角而已。在这里，我们的话题很自然转到了目前备受公众关注的性骚扰问题。格伦瓦尔德的研究并不涉及这个问题，他用触觉研究专家的果断告诉我们：我们无法从客观上确定什么是让人愉悦的触摸，但身体接触的双方会马上就感觉到这种接触是否让人愉悦。“触摸是否适度，这个是由被触摸者来决定的。”皮肤不会撒谎。[22] 被触摸的人能够觉察得到。

第二节　无接触时代的“皮肤饥饿”

专家的说法是“皮肤的饥饿感”[23]。皮肤需要不断被触摸——如果在后现代的生活环境中人与人之间还存在这种持续的身体接触的话。在现代人的生活中，身体接触总体是呈下降趋势的，对此，人类学家妮娜 · G. 雅布隆斯基感到担忧。她认为这种变化的原因在于空间距离的增大、对高移动性的追求以及交流方式对技术手段的依赖。她并不是唯一有此担忧的人。近几年来，不管是哪个政治阵营的媒体，大家都在讨论这个问题。德国《日报》（*taz*）依据最近几年流行的对催产素的研究提出，后现代社会“缺少爱抚”，[24] 因为现代社会拉开距离的一些做法对人与人之间自愿的身体接触以及与此相关的信任感都有损害。

克斯汀·乌夫纳斯·莫伯格（Kerstin Uvnäs Moberg）是位于瑞典斯德哥尔摩的卡罗林斯卡医学院（Karolinska Institute）的触觉研究专家，她认为现代人“皮肤的饥饿感”已经无法消除，对人类来说，每天几分钟的身体接触不足以使其找到自己的位置并获得安全感。[25]《时代周刊》在一期封面故事中也提出，应该利用催产素的治疗作用增加人们对触摸的需求。之所以会有这样的建议，是因为据推测有助于产生信任感的催产素水平与历史上相比下降了。[26]不到两个月之后，《时代周刊》上的另一篇文章再次强调了人与人之间亲密接触具有无价的疗愈作用，对每个人都有助益，文章题目是《灵药：相互关怀》（*Medikament: Zuwendung*）。[27]他人的亲近和关怀被认为是能够替代医药的治疗手段。[28]

麻省理工学院在全球范围开展的一项对比研究表明，在生活空间特别大的欧洲和北美，人们的恐惧感比其他任何地方的人都更强烈。一项在迈阿密开展的研究显示，今天在美国，十二岁的孩子更倾向于将皮肤接触当做挑衅，而不是关怀。[29]迈阿密的触觉研究所（Touch Research Institute）得出了马丁·格伦瓦尔德很久之前就在书中写过的观点：触摸对几乎所有维系生命的因素都有促进作用，包括早产婴儿的发育、阿尔茨海默症患者的记忆恢复以及免疫系统的加强。这就是触摸的治疗作用。

对于我们生活在一个无接触时代这个令人担忧的推测，格伦瓦尔德作为触觉研究专家有什么看法？他赞同这样的推测吗？包裹在薄薄烟雾中的格伦瓦尔德用低沉的声音说，这都是推测，并没有充分的证据。那么格伦瓦尔德先生，您用专业人士的眼睛看看四周的话，您有什么样的结论？接下来，格伦瓦尔德给我们讲了他作为实验心理学者所观察到的现象，这次，只用形容词或者反义词来描述已经不够了。

他谈到了来这里受试的人，在实验期间，这些人总是想要确保自己的手机就放在伸手可及的地方，而不是放在另外一个房间里，这个设备几乎已经变成了身体的一部分，摸着手机就像摸着自己，能够让人确定自己还活着。格伦瓦尔德还说到了看牙的病人，在治疗过程中，他们始终紧握着自己的手机。

格伦瓦尔德发现在这个社会中，在网上寻找性伴侣比找一个可以不断拥抱的、能够信任的人容易。但同时，他又很确定人从根本上来说需求的并不是性，而是与人的亲近，这能够让人获得安全感，确认自己的存在，知道自己并不孤单。[30] 这些都可以通过拥抱，或是在万不得已的情况下用拥抱的替代品来实现。格伦瓦尔德说，如果给学校里那些无法安静下来的孩子穿上沙背心，会让他们产生一种始终被拥抱着的感觉，这种方法在治疗自闭症患者方面被证明是有效的。孩子的身体在空间中产生的不知所措感一旦减弱，他们就能够平静下来。

这种“无接触式社会”有证明实例吗？是的，格伦瓦尔德发现了这种深刻变化的三个表征，都有实例可以证明，并且都能够体现人们对触摸的渴求程度：第一，正蓬勃发展的保健热潮最初主要是集中在色彩和气味上，现在则主要是推销按摩这一类与身体相关的项目。第二，现在正慢慢兴起的所谓拥抱派对（付费、有固定的规则、不发生性行为），在这类活动中，素不相识的人互相抚摸，这种事先规定了形式的主动身体接触在多样化的社会里不但被大众接受，而且深受欢迎。[31] 第三，宠物的增多，并且多为狗或者猫这一类有皮毛的动物，这无疑也是触摸需求的表现。2015 年，德国登记在册的宠物共 3000 万只，比 2010 年增加了 700 万。而且这些宠物的作用也已经显现出来：养宠物的人患病的几率要小得多，患病之后痊愈的速度也更快，总体看来寿命更长。[32] 格伦瓦尔德说，人类缺少让自己感觉舒适的触摸时并不在意，而他就是来纠正这个错误的。说到这里他笑了："作为哺乳动物的人现在正在想尽办法让自己能够继续做哺乳动物。"

在莱比锡这个半地下室里待了好几个小时之后，我们提了最后一个问题：触觉研究专家怎么看待作为哺乳动物的人类手指不断触摸手机光滑的塑料表面的行为？这一问，让格伦瓦尔德这个和气、总是若有所思的人突然变得非常愤怒，还有悲伤，这让我们感到非常意外。他提高了声音说："我们在荒芜，我们在腐烂。您就这样写：格伦瓦尔德说我们在一个平坦、光滑的世界里腐烂。看看那些套在学童身上的沙背心，就能知道我们已经腐烂到了什么程度。"那些假想出来的，只作用于想象的身体接触，不管是在电影院的大银幕，还是自己在家看的色情影片，这些能作为替代吗？格伦瓦尔德的声音几乎是生硬的："不能！任何虚拟的东西也不可能替代皮肤接触带来的生物化学反应。"毫无疑问，这个人在为那些忘记了自我的哺乳动物忧心。告别的时候，他向我伸出手来：温暖的握手，告别。我这才注意到：我们握手的时候，握的是整只手，不是手指尖。这种常见的身体接触是通过手掌，而不是特别敏感的、暴露在外面的手指尖。

第三节　敏感的指尖与无法愈合的伤口

“细腻敏感如指尖（Fingerspitzengefühl）？必不可少。我的工作要求很高，我的作用很大。”汉堡大学医院2017年秋用这则大幅招聘海报要找的不是主治医生，而是特别紧缺的护理人员。护理人员用经过专业训练的手去触碰那些需要被护理的人，至少人们希望是这样的，因为根据海报的说法，护理就意味着皮肤接触，就好像护理人员并非在多数情况下都戴着一次性塑料手套一样。[33]

这幅海报将理想状况无限放大给我们看：蕴藏在指纹之中的细腻敏感。如果我们想要找一个最能表达感伤主义之后的现代人类特点的词，那么“细腻敏感如指尖”是极其合适的。希尔薇·康索里（Sylvie Consoli）在她的著作中曾经指出，“细腻敏感如指尖”是在护理中起到核心作用的一种人类能力，通过触摸，这种能力让我们能够细腻地体谅他人。[34]

按照《杜登德语大辞典》的解释，“细腻敏感如指尖”这个词最初与身体相关①，在现代也指精神和灵魂的触感，被用来形容人的精神气质，意思是“感情细腻，在与人和物打交道的时候善于体谅对方”。这个词的近义词有“Einfühlungsgabe”（共情），“Einfühlungskraft”（共情），“Einfühlungsvermögen”（共情能力），“Feeling”（感觉），“Feingefühl”（细腻的感觉），“Gespür”（感觉），“Taktgefühl”（分寸感），“Verständnis”（理解），“Zartgefühl”（体贴），“Sensibilität”（敏感），“Empathie”（移情）等。[35]

---

① 字面意思为指尖的触感。（本书脚注如无特别说明，皆为译者注或编者注。）

而这些词所涵盖的恰恰就是18世纪中期之后促使具有同情心的现代人为人的身体争取不受损害之权利的前提——移情能力，在理想的状况下，这应该是每一个人都拥有的能力，并且对每一个人都同等适用。正是由于每个人都能够推己及人，能够通过感知自己可能遭受的伤痛来感知他人的伤痛，所以在理想的状况下，他也会避免给他人带来伤痛。[36]这种敏感最反对的——也是让现代人不堪烦扰的，就是残忍。[37]能够代表现代人这种敏感性的就是指尖般细腻的触感，这种能力与启蒙运动携手而来，哲学家康德在他的人类学研究中，正是从手、手指和指尖的触感中找到了理解力的基础。[38]

被用在各种俗谚中的这种指尖触感源自解剖学方面的一些特征：灵长类动物的指尖因其特别的解剖学构造而特别敏感，这些指尖没有毛发，上面覆盖着角质层，汇集了特别敏感的神经末梢、血管和腺体，每个指尖上平均有600个压力和触觉感受器，通过这些感受器，我们感知世界，感知自身和他人的躯体，并与世界建立联系，与世界相互作用。人类因此感知到自己是有作用的，各种感知经验也彼此交织。女钢琴家、歌唱家芭芭拉①描述了各种感知综合作用的画面：手指尖在钢琴键盘上敲击出响声，通过触觉，这些声音进入身体，并由此变成词句喷涌而出。“事实上，这些词句并不是保留在我的视觉记忆中，而是通过触觉汇集在一处，错综交织。如今我知道了，那些在我指尖蠢蠢欲动的就是这些词句，它们要从我的指尖，从我的整个身体中涌出。”[39]

① 即莫妮克·安德烈·舍尔夫（Monique Andrée Serf, 1930—1997），法国著名女歌唱家。

指尖的艺术最主要还是表现在与他人的交际上。所以，对指尖的触感有兴趣的不仅仅是触觉研究者。社会学家赫尔穆特·普莱斯纳（Helmuth Plessner，1892—1985）在发表于1924年的著作《共同体的边界》（*Grenzen der Gemeinschaft*）中就提出“对分寸的拿捏”（Taktgefühl，这个德语词来自Tasten，即“触摸”，跟Fingerspitzengefühl，即“指尖触感”表达的意思如出一辙）是社会存在的基本前提。[40] 普莱斯纳认为这种分寸感决定了一个人是否会对另一个人敞开心胸，但又不会过分靠近对方：“分寸是对另外一个灵魂始终抱有的尊重，是人心中最基本、也最重要的美德。”[41] 普莱斯纳认为这种分寸感会表现为感情上的细腻：“这是人与人之间的交往成为可能，并且让人感到舒适的唯一途径，因为它会让我们既不过分靠近他人，也不过分疏离。”不远也不近，这种适中的距离就是后现代社会的人类想要的，他们既不喜欢孤单，也不希望自己受到伤害。

从现代社会一开始，这种指尖触觉式的敏感就被认为是天然的人性：米开朗琪罗的圣像画《上帝创造亚当》中，天父与他创造的亚当相互伸出的食指几乎触碰在一起。不过也只是几乎而已，因为其中的一方是上帝，另一方是人。柯勒乔的《吃苹果的夏娃》中，夏娃同样是用指尖捏着苹果，这一捏最终导致人类被驱逐出上帝的伊甸园，沦落凡间。

可见，如果艺术家们想要在身体上找到一个部位，并通过这个身体部位的舒适或痛苦来描绘如今这个身体接触成为困难的时代，那么指尖是再合适不过的了。人的喜怒哀乐真真正正汇聚在指尖之上。美国作家约翰·格林（John Green）在他最新出版的小说《晚安，你们这些讨厌的想法》（*Schlaft gut*，*Ihr fiesen Gedanken*）① 中，通过受伤的指尖的形象，生动地讲述了身体接触给人带来的巨大威胁，以及我们对这种接触的强烈渴求。[42]

我们可以把这部小说看作文学对现代社会的诊断，因此是具有代表性的：小说用一种奇特的方式讲述了拥有能够触摸他人的手指意味着什么。在书中，这种接触带来的是巨大的恐惧，因为女主人公阿莎·霍尔姆斯的手指尖有一个无法愈合的伤口。伤口在右手中指的指尖上，通常都裹着创可贴，但是阿莎经常把创可贴揭开，她想看看那个敞开的伤口是否在发炎、流脓。如果伤口看着像要愈合的样子，阿莎就用右手的大拇指去抠，直到抠出血，然后再消毒，防止细菌感染。手指火辣辣地疼，这也是指尖上一种鲜活的感觉。最后，指尖又被裹上新换的创可贴。

就这样日复一日，周而复始。阿莎说自己这样做是不得已而为之，她是个在单亲家庭长大的 16 岁少女，有强烈的恐惧感，除了用这种神经质的方法，她不知道还能够怎样去对付自己的这种恐惧。她在恐惧的驱使下所做的事情，就算是绞尽脑汁，也无法解释到底有什么非做不可的理由，而且我们也不知道如果有其他可能的话，阿莎是否会做出不同的选择。但是阿莎并没有其他选择。让她害怕的并不是身体会受伤这件事，而是细菌能够长驱直入身体，并从内部摧毁身体，而身体既无法抵挡伤害，也无法抵挡触碰。

这样的一个少女爱上了同龄的少年达维斯，恐惧化身为强迫与愿望之间的痛苦对话，并肆无忌惮地成为故事的主角：通常相爱的

---

① 德文版译名，英文原版书名为 *Turtles All the Way Down*（《世界在海龟背上》）。

人都是要接吻的，但是如果接吻的时候，外来的细菌和寄生虫大举入侵，身体上那些充满液体的各种开口也跟着作怪，那还怎么接吻呢？咀嚼也让人恶心。吞咽、消化、排泄、生物体、细菌群落……这些都让人恶心。触摸他人的身体，即使是触摸一个自己所热爱的、赤裸的身体，对于这个少女而言无异于来自生物的恐怖威胁。有生命的物体是无法控制的，她的触觉只能够接受智能手机的按键，能够为她打开去往内心通道的只有这些按键，只有这些按键能够帮她实现某种亲密。

约翰·格林将小说的主人公放在了一个沉重的主题中。我们可以说，如今已是不惑之年的格林作为当今世上作品最为畅销的作家之一，同时又是大热的视频博主，他非常清楚关于时代病自己要跟少年读者们说些什么，因为他关注这种时代症状，也因此比其他作家更会处理自己的恐惧感，所以他敢于做此尝试。评论界几乎无一例外地表达了对他这种勇敢尝试的赞美之情。这是一部让读者感到窒息的作品：比如当他们意识到格林描写的故事其实是真实的，拥抱网络世界对于今天的孩子而言比跟血肉之躯的接触重要。我们在阅读过程中意识到，即便是像达维斯这样一个可亲的同龄人，同样也会被看做让人厌恶的生物群落中的一员，会腐烂，而且现在就已经散发着臭气，因此让人感到难以亲近。而自己的手指能够摸到的也就只剩下冷冰冰的屏幕或者按键而已。仅仅是讲述这样一件事，对于探讨现代社会症候而言就已经是非常令人震撼的了。

这部小说的内容还不止于此，所以对我们这一章关于触摸的讨论来说，这部作品是非常合适的。伤口和手指作为主题，在整部作品中不断出现，格林从中提炼出了一个结论：身体接触至关重要。

除非是打架，人类相互触摸都是通过手指尖，而指尖受损就会造成触感的缺失。今天，通过马丁·格伦瓦尔德的研究我们知道，皮肤接触时的触感对于儿童的发育是具有重要作用的。

同时，将手指放在敞开的伤口上去试探又代表了怀疑的态度（约翰·格林同时也是神学家），正如我们在福音书中看到的多疑的圣托马斯的故事。被钉上十字架的耶稣复活后，圣托马斯把手指放在耶稣的伤口上，想确认这代表生命战胜死亡的奇迹。伤口（Wunde）和奇迹（Wunder）在词形上的高度重合暗示了遭受无尽痛苦的阿莎既是圣托马斯，也是基督，她是二者的合体，这是一个以自我为中心的人物，她将自己钉上十字架，又亲手检验自己的伤口。

但这只不断被消毒的手指也让伤口这个母题显示出非常世俗的一面，那就是经常被讨论的美国式细菌恐惧症。[43] 在这里，敞开的、脆弱的身体不得不面对存在于想象中的外来者的不断入侵，为此，身体迫使自己封闭起来。这种极端的拘谨决定了美国清教主义式的对身体的敌视。在阿莎的故事中，不断消毒的行为消除的恰恰是生命最本质的生物特征，因为活着就意味着与细菌共存。在故事中，生命被抵制，被管控，被压抑。阿莎围着自我打转的行为犹如强迫症，将一切的生命都缩进这个不断收紧的围着自我打转的螺旋之中，而她就陷在这个螺旋的中央无法自拔。等到故事中的矛盾激化，我们看到了这个无法愈合的手指所蕴含的深意：阿莎的指尖失去了触感，她不再有拿捏分寸的能力，不再能够正常地与他人交往。[44]

如果小说就到这里为止的话，那么它所包含的多重含义无非就是起到警示作用而已，至多等同于把强迫症患者送到了医生那里。

但约翰·格林还设计了许多精彩的人物与画面，使其与对触摸的恐惧遥相呼应，并通过这些人物与画面从另外一个角度解释触摸这件事。其中既有常常见面的小姑娘们之间的亲密友情，也有来自一位母亲坚定的、从身体上也能够感受到的关心，还有兄弟之间的团结，甚至还有一段热烈的爱情，热恋的对象是人生经验丰富的哈罗德。只有性行为不起作用——让两个身体相互接纳，消失在彼此的身体中，这对于这个脆弱的人来说太过危险。

有血有肉、真实自然的生活被笼罩在对伤害的担忧中，但数字世界除外。格林在故事中对此也流露出格外的担忧。年轻人在网络世界中能够彼此亲近，这种亲密甚至在一段时间里成为阿莎的救命稻草："这就像是跟他在一起一样，只是没有那么让人害怕……现实生活中不可能有这样的亲近……真实的生活和真实的身体是永远不可能实现这种亲密关系的。"[45]

阿莎和达维斯绝口不谈性或可能引起性兴奋的内容，这一点很值得我们深思。他们的亲密更多是通过能够被感知的书写，以此来相互表示好感。两个人的显示屏上不断闪动的三个圆点预告着：对方正在输入。其中的一方经常会不按"发送"。他们读信息，写信息，相互之间的距离近到无法复加，但都无法超越各自的身体。一天，达维斯回复说："我需要紧挨在一起并被喜欢的感觉。"[46]阿莎终有一天会觉得除了喝消毒剂别无出路，因为她会觉得身体已经从内部彻底被污染了。

如果说讲述这种无接触式的生活只是要描述因恐惧细菌而敌视身体的美国，描绘一个备受恐惧感折磨的青少年的故事，不会有人反对这种说法。当然这样说也没有错，不过这个故事所揭示的症候并不仅限于此。将手指放在无法愈合的伤口上，这个行为的含义要丰富得多。格林无所畏惧地讲述了那些渴望被触摸和亲近，但又很脆弱的人，他们最害怕的就是身体接触会带来的伤害。

这就是人类性行为的基本处境。在现代社会中，这种处境又出现了新的变化，发展到极端就是阿莎式的恐惧。当然，身体之间的情爱关系只是各类身体接触中最为私密的一种特殊形式，如果作为两个生命为了创造另外一个生命而相互交融的前提，这更是两性之间的一件“大事”。身体接触由此代表了现代社会的一个确定的事实：两个相互敞开、互相吸引的身体能够孕育出新的生命。[47] 但是约翰·格林的小说却让我们看到，如果人们对身体接触的恐惧继续增加，这很快就会成为过去式。

第四节　“新的性革命”：开放、脆弱与恐惧

或许每个人都认为自己很清楚“性”这个表达欲望与渴望、匮乏与恐惧的词意味着什么。仿佛这种人与人之间的经验不是时代性的，仿佛与性相关的一切不是历史的，是不会产生变化的。但什么是现在的？什么是过去的？一项关于性的研究让我们对身体与身体之间这种充满张力的互动有了一定的了解，也让我们看到现在自己所处的现代历史其实刚刚开始。[48]

法兰克福性学家福尔克马·西古希（Volkmar Sigusch）在他的著作中重点探讨的就是我们正在经历的这场身体接触方面的革命。他将大量病例与批判性理论结合在一起，在此基础之上形成自己的观点。在最新出版的著作中，他这样写道：“性欲与爱情的基础有

孤独和暴力，也有对内心隐秘愿望的满足。”[49] 在西古希的论著中，人的身体会遭遇到的既有暴力，也有爱情，既会对伤害感到恐惧，也会渴望毫无恐惧感的身体接触，所有这些都前所未有地依傍而存。这就是现状。

西古希在《性欲和性行为：一种批判理论的 99 种断想》（*99 Fragmenten der Sexualitäten*）这部著作中探讨了性时代的终结，论证了欲望、渴求和身体经验大范围迁移的现象，并得出结论说：“超现代的西方人将欲望首先投射在商品上，在性之外的其他领域寻找刺激，在工作中表现出了以前只会出现在私生活中的情绪。”[50]

西古希将这种变化称为“新的性革命”，认为今天每一个人都正在亲身经历着两个人身体和灵魂上的乌托邦式的亲密关系如何以新的形式呈现出来的过程，在这种新的形势下，网络性爱成为常态，几乎所有的性行为都可以进入市场交易，成为商业行为。[51] 商业社会带来了“全天候”不间断的刺激，个人则以某种形式通过商品或通过自己实现这种刺激。[52] 西古希认为这场革命的结果将以“既富有自律又能自我优化的自我性慰藉（Self-Sex）”的形式确立自我指涉的统治地位。[53] 我们必须明确无误地强调一点，那就是在这个历史的进程中，同样有人获益，有人损失。西古希认为从这种放弃与他人的亲近、强调自愿与性爱自我的变化趋势中获益的是女性。

但是，发生变化的远不止是两性之间的性行为，更是身体在整个社会结构中的位置：例如我们能够看到，祖父母们不再被认为是无性的，因为大家现在知道进入老年并不会改变身体的欲望，七十岁以上的人同样可以有活跃的性生活。[54] 我们从 2017 年夏欧洲人权法院的一项判决中也能够看到这场革命，这个判决承认五十岁以上的妇女同样有要求性生活的权利，[55]这是人们对于身体的感知与认可的最新表达形式。但仅是这些早就不够了，西古希论证了性欲向恶心、嫌恶、仇恨，以及对宠物的爱的迁移。西古希所描绘的是一个“无性、无性别以及流动态的性和性别”[56]的新时代，古老的异性之间的性认同与性行为开始消失，自我性行为越来越多。性工业也在发展：人造产品被允许与人产生身体接触，只要花一点钱就行，而且这种形式已经越来越普遍，比如晚间电视节目中会在《哈利·波特》电影的中间插播男子性玩具的广告。

在这个新的性的时代，“无性”终于被认为是真实存在的，而不再被指为病态，2018 年 2 月在柏林电影节上获得金熊奖的影片《不要碰我》讲述的就是这种现象。[57]那些不愿意与他人有身体接触的人能够从中看到自己的影子，并看到自己被承认。西古希所描绘的并不是人的堕落。

这些变化同时也代表了一种进步，自我的愿望在增强，他人的决定权在减弱，这给女性的性欲望打开了新的空间：西古希认为这些迁移现象的获益者是女性，女性终于对自己的身体拥有了决定权，可以不用受人任意摆布。但这并不会是一条平坦的大道。西古希给人的需求下了一个简单的界定，在这个问题上，他并不区分什么性别。西古希在这一点上的看法与莱比锡的触觉研究专家格伦瓦尔德是一致的，即会受到伤害的脆弱的人类需要的不过就是能够靠近另外一个普通人，同时又不用感到害怕：“你如何确定自己是被爱着的？我想，那应该是你能够在另外一个有血有肉的人怀中像个孩子一样哭泣，而又不用感觉羞耻的时候。”[58]这是最紧缺的商品，在后现代资本主义社会中，就算是最有钱的人，也买不到它。

西古希用自己的论断将当下归入了现代性的历史中，本书想要阐明的也正是这一内容。这位来自法兰克福的学者给了现代性一个基调，并让我们意识到这种现代性体现出的进步有多么珍贵。几百年来，人们在努力追求自主性、女性的自决权、儿童的权利，以及对身体的保护和不受伤害：[59]“横在我们和古代公民之间的宰牲凳上竖起了一把新的道德标尺——爱情被看做独立主体之间自主达成的协议，是男女双方的权利，既动人，又真挚。”他同时又非常理性地补充说，这种乌托邦式的社会现实没有人能够抵挡，这种乌托邦就是爱情航海中吹来的一阵鼓起船帆的风，但社会的常态实际上是历史学家尤瓦尔·赫拉利在他的最新著作《未来简史》，或是作家达尼埃尔·凯尔曼（Daniel Kehlmann）在巴洛克式的傻瓜小说《小丑提尔》（*Tyll*）中所描绘的那样：有饥饿、暴力、疼痛、酷刑、伤害、非自愿的身体接触以及过早的死亡。[60]

同时，西古希发现爱人之间这种所谓自愿达成的协定在历史上是多么少见的例外，我们只需要从自己所处的当下往外迈出一步，将时间框放得大一些就能看到：“不要忘了，人与人之间的爱情这种并不稳定的能力，不过是几代人之前，随着资产阶级的胜利以及饥荒时代的结束才具有了普遍的可能性，这不过是人类不愿意放弃的一种人与人之间的关系。”[61]按照他的说法，从双重意义上敞开自我的人的这种能力是独特且不稳定的，是不久之前才开始变得普遍的。

西古希所描述的这种对人与人之间爱情的现代理解及体验，对很多人而言就像将光芒照进当代独身者公寓里的一个古老的梦。不断被重复的那些故事中，情侣们共同老去，又牵着彼此的手死去，他们是这个梦继续存在的证明。[62]不过对于很多人来说，这个梦早已经成为一种负担，电子性爱和自慰已经成为摆脱这个梦的途径。人与人之间的爱情因为现代社会被拉大的空间距离，已经成为悬在人们头顶、对寻找伴侣带有规约性质的达摩克利斯之剑。在现代爱情的大框架下，人要做的只是找到属于自己的另一半，[63]然后跟他或者她幸福地度过一生，并且始终能够被保护和理解。

但西古希让我们看到，结成伴侣并不能为我们提供任何保护："所有人都知道，不管结成什么形式的伴侣，都不能确保这就是个安全的港湾。"[64]现在有些新型的、能够让人感到舒适的近距离身体接触：三两好友，一台笔记本，或许有孩子，还有年迈的父母，让人有些小兴奋的购物，耳机里的音乐，让人羡慕的工作，偶尔互相碰一碰，每周去按摩，慢跑的时候确定地感知自己身体的存在，拥有一只宠物。所有这些都是自愿的，都能让人感到舒适，没有任何强制。[65]如何既能有身体接触，又不被伤害，这个两难的问题曾经让人感到压抑和拘束，现在这个问题终于解决了。这就是这个划时代转变目前得到的成就，它可以体现为方方面面都让人感到舒服的混合式身体接触。

但我们还是想弄清楚一个问题，现在暂且还是将触摸的含义范围尽量地放大，那么自己触摸自己与被他人触摸的区别在哪里呢？两种触摸的效果是一样的吗？对于这个问题，莱比锡触觉研究专家马丁·格伦瓦尔德在他的实验室里斩钉截铁地回答道——这次是书面的回答："没法比！"格伦瓦尔德说虽然对于自我触摸在神经生物学方面的功能目前还没有令人满意的研究结果，但他还是能够比较肯定地说，自我触摸与被他人触摸的效果从本质上来说是不同的："否则幼儿就算是没有得到来自父母的抚摸也可以发育得很好。

但是，在我们自己触摸自己的时候，大脑会阻止我们对由此获得的刺激进行加工。‘大脑知道’这些触摸是来自我们自己，比如我们就不可能挠自己的痒痒。我推测大脑神经元的这些抑制功能会普遍地作用于我们触摸自己时所产生的生物学刺激。”但格伦瓦尔德觉得很遗憾，因为关于这一点目前人们所知甚少。

让我们把问题提得再通俗一些：他人对我们来说有什么用？也许作为哺乳动物的人类只要能够自己抚摸自己就足够了，哪怕是借助洗澡时的肥皂泡沫，或者只要有朋友、有只猫甚或是手机？马丁·格伦瓦尔德对谈论这件事情的本质并没有顾虑，因为他跟西古希一样，通过长年的研究有了确定的把握："从本质上来说，生物学上的他者通过与我们的身体接触，让我们确信自己并不是独自一人在这个世界上。除此之外，没有其他能够明确证明我们存在的方式。我们看到和听到的一切都有可能会是假的，您想想梦。但是，这个从身体上能够感知到的他者并不能够回答我们人生中的一个根本问题：我是孤独的吗？现在有很多在成年人身上进行的恐怖的隔离实验，被试者最后就算没有生其他什么病，离疯癫也不太远了。其中有些人也真的是疯了，而且没能够再恢复。人这种哺乳动物离开他人是不能生存的，哪怕有只狗或者猫也行，但总归得是个活物。”活物？“嗯，要实在不行，鱼也能救个急……”[66]

关于触摸的研究，我就讲到这里，之所以就讲到这里，是因为马丁·格伦瓦尔德遗憾地表示，关于相互之间的触摸对专业人士（例如护理人员或者按摩师）的影响，现在的触觉研究几乎还是一片空白。[67]所以，为了进行比较，我在这里就需要找到一个不仅仅是做研究，而且确实也会用手去触摸别人的例子。触摸的对象无所谓男女，任何人都有可能，自愿的也好，有偿的也好。这个人所拥有的不是学术知识，而是经验。

第五节　触摸中的互动性与信任感：按摩师和她的手

汉堡的比尔特·哈尔斯塔特（Birthe Harlstad）是接受过专门训练的替代性医师[①]，她工作的地方是一些大公司以及酒店的康体中心。哈尔斯塔特的专业领域是按摩。让我们先看一下她那双职业按摩师的手，然后再跟她本人交谈。作为一个每天要花大力气揉捏他人身体的按摩师，这个金发女人的体型真的是无比娇小了。哈尔斯塔特从事这个职业已经有七年时间，她说是因为自己热爱这份工作。于是在一个工作日的大白天，左肩僵硬的我趴在按摩床上，闭上眼睛，享受比尔特·哈尔斯塔特的揉捏、推拿、轻抚。按摩结束后我像是换了一个肩膀，之前连套毛衣袖子都会疼，可是现在这个肩膀似乎告诉我自己能飞，能举重，想干什么都行。按摩结束，我坐起来，深呼吸，拿出专业的记录本，打开录音设备。

哈尔斯塔特女士，您一整天都在触摸各种各样的人，那么触摸对您意味着什么呢？这位本是用手，而不是用语言工作的女按摩师开始讲述，她平静、缓慢地边想边说，句子一个个排在一起，其中的每一个词都是无需加工就能够直接发表的：

---

①　Heilpraktikerin，即从事替代疗法的医师。替代疗法是由西方国家划定的常规西医治疗以外的补充疗法，包括冥想疗法、催眠疗法、顺势疗法、按摩疗法、香味疗法、维生素疗法等，传统的草药和针灸也归在其中。

触摸首先是有生命力的，通过触摸能够让能量从一个身体流进另外一个身体中。能量是可以传递的，表达的是一种情感上的联结。如果无法建立起这种联系，例如身体自我封闭了，那么能量的流动就会被截断。如果不是这种情况，那么能量就会通过按摩师的手流回来，带来舒适的感觉。这都要看双方是否能够彼此信任，这种形式是否合适或者正确。这当然很困难，因为现在所有人都很忙。但是触摸是可以实现的，要能够敞开自我，能够做到放手，交出我们所有人通过文化学会的控制力。要学会信任。

触摸是相互的：我们能够感觉到对方的善意，这种体验难以描述，但我们就是能够感觉得到。有些人说，按摩时的这种触摸让他们“觉得自己能飞起来”。这种效果跟按摩的人的意图有很大关系，这一点是骗不了人的。如果有人抱有不好的意图，那我们是能够感觉到的，这会通过手传递过去。有的时候我们从脸上就能够看得出来：红润的双颊——被按摩的人和我都是。我也被很多人按摩过，能察觉出按摩师是否热爱这份工作，还是说只是为了挣钱。如果只是为了挣钱的话，我们感觉到的就会是另外一种能量。

也有人会在我的手下隐藏起自己，或者是在被触摸的时候封闭自己，是有这样的情况的，我能够感觉得到。那些不能或者不想放开自己的人会阻断能量的流动。比如有人躺在按摩床上的时候会睁着眼睛，以便能够观察和控制我，还有些人抑制不住想要操控的愿望，这两种人显然是不会产生信任感的。我当然会很注意，好让人在我按摩的时候能够感觉到安全，也就是说不会有违背意愿的裸露、疼痛，或者违背意愿的触摸。这种专业态度能够感染对方，他们会觉察到我是学习过如何触摸的，这能够帮助建立信任感。但是专业性或我的工作是有偿的，这些都不是令人舒适的触摸的先决条件。那些喜欢身体接触的人也可以从自己的伴侣那里得到这样的触摸。不过这必须得是自愿的，否则不会有效果。

触摸的双方都不能够对此有恐惧感，否则能量是流动不起来的。来的人走进门的时候，我就能从对方的表情上，从握手的时候感觉出这种交互关系是否能够产生，这个形式是否合适。不过有一件事是我没有想到的，我开始从事这项工作时的一些想法是双重意义上的错误，因为我发现女性并不比男性更容易接受按摩，还有就是我按摩过的男性从来没有哪一位对我产生过吸引力或者有过非分之想，从来没有过。根据我的经验，女性和男性之间的差别是很小的。那些对触摸有恐惧心理的人根本不会上我这儿来，很多人不敢，因为他们对此缺乏了解。这些人已经习惯了在社会中过一种无接触式的生活。

没有接触过这种善意触摸的人就会对这件事有恐惧感。那些曾经有过不好经历的人，他们的身体会留下记忆。曾经遭受过的暴力留下的影响会持续一生，身体是不会忘记的。我相信触摸本身是有治疗效果的，对人有好处，能够增强免疫系统。要有效果不一定非得很疼，虽然有的时候疼痛刺激是难免的，疼痛和按压是很多按摩的一部分，很多人来按摩就是为了能够缓解肌肉紧张造成的疼痛。我们甚至可以通过血清素的释放量来测算按摩的效果，根据我的经验，这种积极的效果取决于我们的意图，也就是我们护理他人的形式。就像在护理领域一样，如果是名副其实的护理的话。最关键是要有能够让对方感觉到的好意图。[68]

访谈结束后，我关掉录音设备，向按摩师付钱并表示感谢，然后离开。这位按摩师说到的触摸在相互之间产生的作用，专业人士是认可的，但对此缺乏稳定长期的研究。对于这本书来说，我的体验目前是够用的：我的左肩也是一种事实，它证明比尔特·哈尔斯塔特所说的是正确的。她的按摩艺术促使了信任感的产生。那么，让我们顺着她关于通过触摸表达关注的话再往前一步，看一下那些经历过为了适应市场而进行所有优化竞争之后的人：老年人。不会再有哪些将员工幸福感放在心上的雇主为他们安排按摩师，但老年人也需要触摸。“名副其实的护理”指的是什么呢？

第六节　老龄化社会的护理需求与触摸的双重性

“贴身的护理”，这是德国乐美思老年护理集团的一句宣传语，标志是两只拉在一起的手，当然是没有戴手套的。这个宣传活动的用词是精心挑选出来的：广告图里有年轻人，也有老人，他们拥抱着彼此，广告词说的是身体接触对于幸福感的必要性。这个广告出售的商品被装在罐子或软管里：护肤霜。商品的价格自然不包括涂抹护肤霜的护理服务费用，就算是有了装在软管中的这些昂贵护肤品，如果只能自己往身上涂的话，那同样也会令人感到绝望的孤独。

触摸、手、敏感的指尖、幸福感：不管是皮肤科医生希尔薇·康索里穿插在作品《柔情》（*La Tendresse*）中的专业知识，还是触觉研究，抑或是女按摩师或者汉堡大学医院在招聘广告中提到的护理时的细腻敏感，所有这些最终得出的结论都是一样的：人类需要他人通过触摸表示出的好感，这样才能让人感到自己不孤单，不是无依无靠。触摸能够减轻压力和恐惧感，老年人，特别是那些失智的老人通过这种方式能够获得至关重要的存在感，这是给他们这种感觉的唯一方式。[69]

现在，我们能看到与身体脆弱易受伤的特性有关的另一个划时代变化，这个变化从影响程度上绝不亚于无接触或者新的性革命。在正进入老龄化社会的世界，这种变化或许也正在让我们看到，当市场不再需要某些人的时候，他们是否还能够得到保护和关爱。在不久后即将形成的“需要帮助”[70]的社会中，我们也需要验证是否能够不去滥用那些不堪一击的人的脆弱，而是对他们表示尊重：要自愿，没有胁迫或者暴力。[71]

随着数以百万计需要护理的人出现，我们的社会中出现了一种新的与身体相关的现实，生活在由具备移动性、自主性的朋友网络组成的后现代生活环境中的人也即将老去。[72]对于护理的需求在增长，2018 年德国需要护理的老年人有 283 万，其中包括 160 万失智者；[73]到 2050 年，这个数字将增加到 450 万，根据预测，其中的失智者人数将达到 300 万。[74]今天，那些习惯与他人保持距离的单身族占到了德国家庭的 40%，[75]他们也正在逐渐步入需要护理的老年。

这种对护理的需求与人天性中的双重性正形成前所未有的对立，人既容易受到伤害，又需要他人以触摸的形式表达的好感。在吃饭需要人喂、所有的排泄过程都需要别人的手来帮忙的时候，人对自我的控制权也就到达了极限。谁能够亲近，必须亲近谁，个人付了钱之后能得到的是哪些身体护理，哪些由国家福利体系承担，亲人的责任是什么，朋友的责任又有哪些……所有这些问题今天都还没有得到解答。

在强调个体的社会中，友谊这种重要的社会关系几乎总是以身体为界限的。有趣的是，现在已经开始有一些没有亲属关系的人自愿结成新型的互助关系。[76] 不过绝大多数情况下，朋友相互之间的触摸只是为了表示好感而已，例如常见的见面相拥，这已经成为今天很普遍的街景。但是绝大多数情况下朋友不会去触碰对方身体上开口的地方，也会避开尴尬的排泄过程。到目前为止，或多或少自愿跨过这条红线的多半都是有固定关系的伴侣，而且是无偿的：最可靠的护理依然发生在婚姻之中，至少对那些需要护理的男性而言是这样的。[77] 由于女性的平均寿命比男性长将近 5 年，所以有对外护理需求的女性占到了 64%。[78] 养老院中的女性比例则高达 73%。只有很少一部分女性得到的护理是来自她们的男性伴侣，传统意义上的伴侣习惯相互触摸，对彼此的身体很熟悉，但是今天这个老龄化社会也使伴侣间的相互帮助面临新的挑战。

近年来，艺术界和公众的视域中出现了越来越多有护理需求的伴侣的例子，2007 年就曾经有过一个让许多人动容的例子，安德雷・高兹（André Gorz）与共同生活了六十年的妻子多丽娜・高兹（Dorine Gorz）双双自杀。警察发现他们的时候，两个人手拉着手躺在床上。这位社会哲学家和他身患重病的妻子做出这个决定，避免了两人被迫接受他人护理的结局。[79] 另外一个非常具有艺术性的例子是迈克尔·哈内克（Michael Hanek）2014 年的获奖影片《爱》（*Liebe*）。影片讲述了一对共同生活了几十年的老夫妇，他们的婚姻中充满温情，我们能够看到这对夫妇相拥着跳探戈的画面。但是这场婚姻到最后，年老的丈夫用枕头将患了失智症的妻子闷死在床上，这就像是最后一次的拥抱。这最后的爱的表示使两人不必经历漫长而没有尊严的、使他们彼此疏离的被护理的岁月。哈内克的《爱》中，最为极端的一种“触摸”就是这种杀死爱人的举动。[80]

最为人熟知的一个反例是喜剧电影《触不可及》，在这部电影中，护理被赋予恢复生机的神奇作用。一个上了年纪的富翁高位截瘫，护理他的是一个北非难民出身并且有犯罪前科的年轻人，两个人由此结成了一种新型的伴侣关系。这个故事改编自企业家菲利普·波佐·迪·波戈和负责护理他的阿卜杜勒·赛洛的真实故事，两人后来成为好友。这部电影详细地展现了高位截瘫患者所需要的各种身体照顾，并没有因为会引起不适感而省略细节，但也丝毫没有让人感到这里的所谓触摸只是抚摸皮肤。被护理者要接受，并且也不得不接受的身体接触包括非常私密的部位，例如从瘫痪者的肛门中清除排泄物，因为瘫痪者的肠道自己无法完成排泄。这部电影成为法国战后最卖座的影片，或许正是因为它成功地将这种非常现实的反乌托邦情节转换成能够让人释放压力的轻松笑声：虽然这种身体接触对于双方，包括护理人员来说都是令人不适的，但脆弱的人类依然还是能够得到这种身体上的照顾。[81]

不过现实生活中护理工作所带来的身体接触并不令人愉快，而且没有任何电子产品或者显示屏能够替代。这种工作的报酬非常低。根据德国经济研究所（DIW）的估算，护理行业到 2050 年将需要 150 万名全职劳动力，比现在多一倍。[82] 将来是由谁去护理谁？不久前，《时代周报》的记者卡特琳娜·罗本施泰因（Caterina Lobenstein）在一篇报道中描述了一名女护工的一天，她每天的工作就是护理他人的身体，并且得不断触摸被护理者：从喂饭、换纸尿裤、翻身，到穿衣、梳头、清洗。对身体的触碰中还包括换绷带、护理伤口、清理呕吐物等。[83]

罗本施泰因描述的这种对脆弱身体的精心维护是非常耗费体力的：报道中这位擅长护理工作的护工诺阿裤兜里永远放着消毒剂，工作的时候会不断用到，并且她需要根据各种情况不断戴上或摘下手套，有时是因为要防护，有时是因为要触摸，有时则是因为得有防护地触摸。

六十余年前，犹太宗教哲学家马丁·布伯（Martin Buber）曾经写道，在他将要死去的时候，他希望自己的手里握着的是另外一个人的手。“我离开母亲的身体时，对书一无所知，所以我也不想带着书死去，我希望自己的手中握着的是别人的手。我现在会关上书房的门，沉浸在书中，是因为我能够再打开这扇门，而且会有人抬起头看着我。”[84] 但是，如今谁能知道临近生命终点的时候，握着我们手的是怎么样的手？会不会是戴着手套的？脆弱，能够触摸，渴望被关注——人相对他人的开放性始终都是最重要的，直到生命的终点依然如此。

第二章

不受伤害的权利

第一节　人权理念的发展和进步

巴黎。决定是在 1757 年 3 月 2 日作出的：接受判决的罗伯特－弗朗索瓦·达米安斯（Robert-François Damiens）被指控用右手拿刀妄图杀死国王，所以这只手要在格列夫广场上被当众用硫黄火烧掉。达米安斯本人则被牢牢捆住，并浇上热油和融化的铅水，最后砍成四块。米歇尔·福柯在《规训与惩罚》一书的开篇详细地描述了这场残酷的死刑：有记载说那只右手不是很好烧，达米安斯惨叫着乞求上帝怜悯，请求耶稣救命："Mon Dieu，ayez pitié de moi. Jésus，secourez moi."（法语：天啊，怜悯我。耶稣啊，救救我。）[1] 格列夫广场上的大批民众都在 1757 年 3 月亲眼看到了什么叫惩罚。希望生活在 21 世纪初的人能够明白人类需要的是善意的身体接触，了解到曾经有这样的酷刑存在。

在达米安斯被折磨致死之前两年，让－雅克·卢梭的一篇作品就已经在日内瓦发表。正是这位哲学家最早开始大力宣扬重新露出苗头的同情心，而现代形式的人权就是从这种同情中发展而来。卢梭发表于 1755 年的这篇文章谈论了不平等的问题，并且呼吁停止残忍的行为，因为人"天生不愿意看到自己的同胞遭受痛苦"[2]。卢梭在文章中进一步论证说："如果我有不伤害同胞的义务，那么这首先并非因为我是理性的，而是因为我是感性的。这种特点是人和动物共有的，并且它至少赋予我们不无谓地被他人伤害的权利。”[3] 这个观点成为现代社会的基础理念，1750 年前后，一个新的时代就在卢梭的理念与现实中的酷刑之间的鸿沟中开始了：出于与生俱来的同情心，停止利用他人的脆弱虐待他人、给他人带去痛苦的行为，并创造每个人都可以拥有和享受的权利。

身体拥有什么样的权利？哪些痛苦是它可以拒绝的？从现代社会肇始直到全面的人权法形成，这过程中的道路非常坎坷，其中有发展速度的不一致，有矛盾甚或倒退。来自德国柯尼斯堡的哲学家康德在其 1784 年的文章《世界公民观点之下的普遍历史观念》（*Ideen zu einer allgemeinen Geschichte in weltbürgerlicher Absicht*）中论及理性的发展时就将其形容为“许多毁灭、颠覆甚至从头至尾的疲惫感”[4]。正因如此，我想在这一章仔细地观察这个发展过程。我们这个时代真正的新变化是法律性、广泛性和普适性。[5] 如果我们从适用于每个人的现代法律以及法律规范的角度，或者从人权及其目标的矛盾性去看脆弱的身体，会有什么发现？

我们将会看到关于人权的理念在很长一段时间内对政治无能为力，但却在人们的情感中引起强烈共鸣，到最后终于在政治方面开花结果。人们头上飘着一片理念构成的美丽天空，在那个令人向往的地方，任何人都不再遭受痛苦。但现实中依然充满了各种苦痛，大街上满是身体残缺不全的人。[6] 矛盾与不和谐不断引起政治上的动荡：从 18 世纪中期开始，人们从观念上接受脆弱的身体应该得到保护这个想法，但身体仍在不断遭受极端暴力，无论是在欧洲爆发的战争中还是在殖民地。[7] 身体虽然从理念上得到了尊重，但依然不断遭受那些被认为正义或自认为代表正义之人的暴力侵害。最终，身体所遭受的折磨得到了同情，但如果加诸身体之上的是合法的惩戒，那就不能指望会获得同情。如果从现代法律的框架下去看身体的脆弱，就会出现不同步中的同步：我们会意识到，每个时刻中都同时包含着不同历史时期的各种现实、理念和规则。[8]

正如社会哲学家汉斯·约阿斯（Hans Joas）所言，人权所面临的这种窘境真正做到了漂洋过海。在启蒙运动时期，几艘分别名为让－雅克、伏尔泰或自由女神的船将奴隶从非洲运到欧洲或美洲。[9]西方的思想四处流传，这些思想遇上了其他的法律文化，并在世界各地不断与这些文化发生碰撞。在欧洲以外的国家，欧洲人奉扬的权利被他们自己践踏在脚下。无数享受不到任何权利的欧洲人迁徙到其他大洲，又有无数人或多或少出于自愿逃离了欧洲，并在新世界要求享受同样的权利。这段历史中的一切都取决于谁是公民，在哪个国家，以及这个人所生活的地方是否保护人的身体不受伤害。这个人的性别、宗教信仰和年纪也在很多情况下起决定作用。此外还要看人们对于遭受暴力是否已经习以为常，这种暴力在多大程度上是无法避免的。

但是，在这种充满矛盾的现代性及其各种表现中，欧洲公民还是经历了进步一面的，尽管这种进步并非一帆风顺，从黑暗走向光明的过程又带有明确的目的性：从欧洲的启蒙运动开始，给他人的身体带去苦痛越来越被认为是不道德的行为，并且也遭到抵制（但欧洲人在殖民地和经济扩张到达的地区依然无所顾忌地给他人造成痛苦）。[10]在这个过程中，被同情、被认为不应当继续受到伤害的生命体越来越多，包括了奴隶、妇女、儿童和动物。

在这条发展的道路上，曾经出现过屠杀犹太人这样割裂文明发展进程的阶段，但也有过 1945 年的那种明确的转折：造成约 8000 万人死亡的第二次世界大战结束后，法律的面貌发生了变化。这种变化为德国带来了保护人的身体不受伤害这项基本权利，在欧洲则形成了超越国境的人权传统。而在国际范围内，在各种哲学传统和思潮的影响下，人的生存权成为普遍存在的基本要求，而且这种要求并不局限于西方。[11]

二战结束后，《世界人权宣言》于 1948 年发布，但这个“世界”的范围并没有延伸到殖民地：1957 年，法国人在阿尔及尔审讯了约 2.4 万人，并造成超过 3000 名囚犯死亡；关塔那摩是最新的例子。[12] 尽管如此，基本权利和人权还是在这个充满矛盾的时代产生了历史性的影响。

第二节　不受伤害，不可侵犯：理念高歌与政治低吟

人的身体不可侵犯终于成了现实：那些在二战中身体受到伤害的人在战争结束后听到这个词，会觉得它是多么不切实际。1945 年后的德国社会“支离破碎”[13]，状况非常糟糕。在一段漫长的岁月里，这个社会经历了肆意加诸成百上千万人身上的暴力行径，组成这个社会的有纳粹，有集中营的幸存者，有受伤的人，遭遇过轰炸的人，难民，还有四处流浪、流离失所的人。人们经年累月地被迫生活在拥挤的环境里，甚至是跟陌生人一起，这让人倍感压抑。

根据联邦德国 1948 年的一项统计数据，在战争已经结束三年之后，德国每个房间里平均生活的人数依然将近两人，而且很多人

还是生活在没有窗户的地下室，流亡者和被驱赶者则是将近三人共用一个房间，那些完整无损的房间里更是挤满了人。一份资料讲到了施瓦本地区一个牧师的妻子，她在家里共计收留了62个人，并给他们提供食物。[14] 在当时，挨饿受冻的事到处都有，人们的生活中充斥着残缺的身体和逼仄的空间。

到了1949年5月23日，人的身体在德国第一次拥有了受法律保护的权利。[15] 这项权利被固定在那一天通过的德国《基本法》第二条第二款第1项中。这是一项全新的法律规定，因为在德国宪法的历史上还从未对人的生命权及身体不受损害的权利做出过规定，这是具有德国特色的迟滞。这条法律现在终于出台，并且昭示着一个不一样的未来："每个人都享有生命权以及身体不受损害的权利。"[16] 无论是颁布于1849年但从未生效的《德意志帝国宪法》，还是1919年的《魏玛宪法》，都不包含类似的内容；在《北德意志联邦宪法》和1871年俾斯麦帝国的宪法中，也压根就没有对公民在面对国家时享有的基本权利做出规定。

将人的基本权利写进宪法，这对德国而言并不仅仅是一个时间上滞后的民主进程，每一个德国公民（每一个女性和男性——在宪法的开头部分也同时规定了男女平等的基本原则）从现在起，都可以拒绝国家对个人的摆布。这个国家曾经名誉扫地：在纳粹当政的那些年中，国家犯下的罪行不仅包括杀害数以百万计的生命，做人体实验，强制绝育，使用酷刑，而且还有对人从精神上实施的白色恐怖。现在有必要从宪法的角度使国家改头换面。国家保护人的不可侵犯也包括"保护人的精神健康"[17]，作为对曾经的野蛮行径的回应，人的尊严被赋予了至高无上的地位。汉诺威大学校长沃克·艾平（Volker Epping）曾经在他给低年级学生讲授基本法的教科书中强调说，1949 年的德国宪法将人视为“身体、灵魂和精神的统一体”[18]。

这项基本原则确保了个人抵抗国家侵害的权利，但是很快人们就发现，这项权利中还包含着至少同等重要的一个要求，那就是国家应该通过法律、行政、国家的法庭和制度确保宪法规定的执行，同时，宪法中的要求也间接地适用于公民相互之间的行为。在第三条第一款中是这样写的：“下列基本权利有直接法律效力，约束立法、行政和司法。”[19]也就是说，基本法对于立法和司法都有约束力，这样一来，民间就可以将宪法的主张与现实之间的差距作为一个衡量标准。这远不止是理念构成的天堂，在 1948 年《世界人权宣言》颁布的几个月之后，这些基本人权为德国的社会现实带来了新的价值体系。这个体系就像是一条道德的地平线，必须不断地从客观的角度发挥影响力，不管战后的生活多么艰苦，这个国家里的每个公民都能够看到这条地平线。

随着新宪法的颁布，个人的不受侵犯对联邦德国的公民而言已经不再是空口许诺。不受侵害，以及《基本法》第一条中对人的尊严进行的描述——“不可侵犯”，这两种说法的基本出发点都是不能在非自愿的情况下侵犯人的身体，或在人的身体上造成疼痛。《基本法》第一条第一款正是用了这种说法来表明人的尊严需要“保护”，并在随后的第一条第二款中规定人的基本权利“不容侵犯”。这种思想也出现在其他地方，例如“人的自由不容侵犯”[20]。

这种对词汇的选择值得关注。1948 年 12 月 10 日，联合国在巴黎召开全体成员国大会，并以 48 票赞成、8 票弃权、0 票反对通过《世界人权宣言》，到目前已经有 190 个国家在宣言上签字。这份宣言虽然缺少了上面那种说法，没有用对身体的侵犯和触碰所作的比喻，但实质内容并不少："人的身体不可侵犯"在这份文件中同样被放在开头部分，享有核心地位。宣言第三条规定了人享有生命、自由和人身安全的权利，第四条禁止对人的奴役，第五条禁止酷刑，禁止"施以残忍的、不人道的或侮辱性的待遇或刑罚"，第九条继承了 1679 年人身保护令的传统，禁止任意的逮捕和拘禁。[21]

联邦德国的宪法在措辞上具有自己的特色，这与其独特的纳粹历史有关。但是，新成立的德意志联邦共和国放开眼界，关注点不仅仅是自己国家公民的福祉，因此从道德、法律和政治的角度与国际社会上这些《世界人权宣言》的签约国达到了同一高度。基本法承认人权不可侵犯，这意味着要与纳粹德国在那些被谋杀、毁灭的人身上犯下的罪行彻底决裂。此外，1949 年的基本法还明确地提出了适用于德国的社会价值观。虽然人身不可侵犯的承诺针对的是德国公民，但基本法的第二条却适用于世界上所有可能受到德国这个国家损害的公民，世界上的每一个公民都应该能够享受 1948 年提出的那些权利。

我们在 2018 年的今天回头再去读当年的那些宣言，不禁想知道起草这些宣言的人是否意识到这些宣言具有多么强的革命性，影响又会有多深远：这是颠覆性的变化，在这些宣言的号召下，世界各国人民以人权的名义，慢慢地开始寻找更安全的地方，从政治理念或实践中实现宣言中人身不受侵害的承诺并覆盖奴隶、仆人、妇女和儿童，在伦敦或是印度的艾哈迈达巴德，巴黎或是某个村庄，总之就是每一个人。卢梭曾经这样写道：至少可以期望妇女们"不会再默默地忍受不公平的对待或是丈夫的错误”[22]。卢梭虽然思想进步，但他也想象不到有朝一日，会有亿万妇女在法律意识的指引下摆脱带给她们痛苦的不公待遇。

但是，我们说到这些保护人的生命权以及禁止残暴行为的人权宣言时，也得同时记住一点：1948 年的《世界人权宣言》并不是适用于某一国公民的宪法，而是代表了一种理想。直到今天，它依然要仰赖各个国家从政治上去实施其中的理念。不计其数不代表国家的行为者充满热情地拥护《世界人权宣言》，但这个宣言并没有太多约束力，人权在不同文化中以自己的方式发挥影响：或是激发政治灵感和斗争，或是被作为准则、理念和依据。人权宣言在很大程度上是作为民间的信仰而非政治制度存在。

人权史学家扬·埃克尔（Jan Eckel）给 1948 年之后的最初几十年作出了一个非常理性的总结：“与苦难和同情心相关的政治充其量只是开始发展而已。”[23] 设在法国斯特拉斯堡，成立于 1959 年的欧洲人权法院权限不大，直到 1998 年进行彻底改革之后，人权法院才开始发挥更大的作用。虽然法庭长期处于超负荷状态[24]，不过至少维护人的基本权利的行动超越了国境，超越了欧洲的界限，这是巨大的进步。总而言之，那些被加诸个人身上的痛苦从理念上看是可怕的，但对于政治来说比较无所谓，相关的制度作用太过微弱，正如斯特凡·路德维希·霍夫曼（Stefan Ludwig Hoffmann）和法国医生、社会学家迪迪埃·法桑（Didier Fassin）强调的，苦痛在 20 世纪 90 年代之后呈现出的个体化趋势是缺少具有执行力的制度造成的。[25]

理念的高歌猛进造成了完全不同的结果，一些制度因此变得更为强势，例如以宗教为由肆意将迫害凌驾于不应受侵害的人身权利之上。[26] 这一发展变化对研究人身不受侵害的权利而言就很重要：当国家自身没有能力、不作为或者出于宗教原因呈现相反的发展趋势，个人身体受到的威胁就会在 1948 年《世界人权宣言》的理念下越来越成为有说服力的证据，这点直到今天依然如此。[27] 迪迪埃·法桑在最新的研究中就讲述了受到侵害、伤害或心理创伤的身体如何在 20 世纪 90 年代被用来证明迫害的存在，那些寻求避难的人在跨越国境时必须提供这样的证明，才能在法国得到居留许可，这是出于人道主义的考虑。政治迫害相对难以证明，与那些能够实际证明迫害存在的身体伤害相比就退居次位了。“避难申请的批准率下降反映了政治威胁及个人经历合法性的减弱。如今，警察和法官甚至会要求出示医生证明，用身体上的伤疤或心理创伤来证明迫害行为的存在。”[28] 相比政治上的不公对待，身体所受的伤害更加被认为是难以忍受的，身体的伤痛比言语更有说服力。

为什么在所有我们能够想象出的人的权利中，易受到侵害的身体会格外受到重视呢？为什么在现代西方社会中会形成一股不仅影响了过去 250 年，对当下也产生重要影响的力量呢？本章开头讲到的罗伯特·达米安斯所受的酷刑以及卢梭的哲学思想让我们看到，国家和教会对公民实施的暴力从 18 世纪中期开始就越来越被认为是不合法的，对人身的伤害在敏感的人中也越来越被认为是不可接受的。只有结合这些历史，我们才更能理解人身伤害的现代发展史。

第三节　同情、伤痛与脆弱：进入现代之前的历史

一想到生命权、对刑罚或残忍行为的全面禁止、不受侵害的基

本权利这些承诺从1776年就已经提出，或许我们才能真正理解战后初期颁布的宪法条款对于公民社会发展迟滞的德国来说是多么陌生，也才能真正理解它们所产生的效果。

托马斯·杰斐逊在起草《独立宣言》时写道，每个人都享有生命权，并且国家要用法律保障这一权利。不久之后的1789年夏，处在大革命中的法国在其第一部宪法里也有类似的内容，这部宪法规定每个公民都享有不可剥夺的生命权。1791年颁布的美国《权利法案》保证了公民可以在面对国家时主张自己的权利。特别是在法国，具有普适性的类似要求迅速地从政治领域延伸到了其他关于公平对待的要求：1791年提出犹太人享有平等权利，1792年是无财产公民的平等权利，1794年奴隶制被正式废除。

当时的人能够发觉到，一些普适的权利在世界上成为了不可撤销的承诺，这些权利进入人的思想，并且间接地进入了政治制度。[29]但是这些权利要求最为活跃的地方还是在理念、情感和精神领域，它们直接向那些思想开明的人灌输方兴未艾的对于同情的重视，以及每个公民都具有独立人格的观点。这些感觉与解释从历史的角度获得了深刻的含义。从本章开头引用的卢梭在1755年关于不平等的论述中，我们可以特别清楚地看到情感、平等与法律之间拆解不开的三角关系。

美国历史学家林恩·亨特（Lynn Hunt）在关于人权历史的著作中提出，如果当时的那些开明人士不是从情感和观念上出现了相应的转折变化，这些早期的宪法是不可能出现的。这些开明人士将他人视为跟自己一样的人，因而抱有同情心。他人对这些人来说与自己既不同又相同，每一个人都是如此，包括他国的公民。[30]天赋人权的理念与人天性中的敏感，以及强烈的区别于他人和追求自由的个人愿望完美匹配，以至于狄德罗这样写道：哲学家以及任何一个人的内心情感都会认为享有人权是非常自然的，根本就不需要过多解释。杰斐逊称之为“不言而喻”（Self-evident）。

人权与人的情感形成了一对理想的现代组合：每个人的生命都应该受到保护，不被暴力侵害，这种思想和以暴力给他人带来伤害的行为的愤怒相互促进。[31] 人的身体拥有了尊严，并且人越是能够感受到自己是一个个体，同时从空间上也能够与他人相隔开来，就越感到有尊严。[32]

卢梭发表于1761年的小说《新爱洛伊丝》在很短的时间内就发行了110版。从这本小说，林恩·亨特看到了对他人的同情感如何在读者中迅速发展，这是人的情感世界具有历史意义的革新。[33] 从18世纪中叶开始，小说和报刊文章中出现了一种新的对人的认识，在这种认识中，同情成为具有决定作用的能力。除了个人的自觉意识外，人与人之间的同情成为现代社会的又一个特征。[34] 20世纪90年代末，哲学家叶礼庭（Michael Ignatieff）依然认为现代人权思想的核心就是“给他人带来的痛苦和屈辱同时也是给自己的痛苦和屈辱”[35]。这里的痛苦不管是在从前，还是现在，指的都是身体上的痛苦，这其中包含了很多方面的内容。

在感伤主义和感觉主义盛行的时代，身体并不仅仅作为有机体存在。身体、精神和灵魂会互相传递能量，在这样一个时代，要想将身体的感受与灵魂的感受，或说身体的痛苦与灵魂的痛苦分割开是做不到的。在1751年的五卷本《百科全书》中，狄德罗在“Douleur”（痛苦）这个词条下解释说，这个词既指精神，也指身体现象，近义词是悲伤和忧愁。[36]

保障身体的权利意味着同时承认精神在其中的参与。最能代表人这种从内到外整体存在的敏感性的是可怜的感伤主义哲学家约翰·哥特弗雷德·赫尔德（Johann Gottfried Herder）。赫尔德因为鼻中隔的问题，眼睛会不断淌泪，[37] 仿佛情感丰富的男性在学习哭泣。[38] 那些跟他同时期接受了启蒙教育的人一致认为，身体和灵魂的敏感与感知能力是分别产生的。从原则上说，人类的所有苦痛都能够引起同情感，但我们对于国家或者掌权者强加在下层民众身上的痛苦会尤其感到愤怒，例如当权机构或者教堂的刑讯逼供行为，或是体罚行为。具有历史意义的新要求是国家有义务通过法律保护每一个人（实际上指的是男性）不受到伤害，同时也要在公民面对国家的时候保护公民的利益。[39]

从根本上来说，1750 年开始萌芽的现代性中已经蕴含了某些人类学的认知，并且也影响到了政治领域。不过，这些认知直到很久之后才由弗莱堡的社会学家海因里希·波皮茨（Heinrich Popitz）在《权力现象》（*Phänomene der Macht*，1986）中清楚地进行了论述。波皮茨首先论证了什么是现代特有的：随着近代资产阶级革命，我们认识到所有权力等级关系都是“人的作品”，由人的行为而来，因此人也可以使这些权力关系变得不一样，变得更好，这恰恰就是早期人权宣言提出的要求。波皮茨还指出，人们普遍意识到政治形态是人为制造的，因此也可以由人来改善，在这之后，现代社会经过漫长坎坷的发展，直到民主宪法形成，并承诺宪法适用于所有人。“自由公民的宪法是可以编订的，编订的宪法又是可以推行的：我们能够做到”[40]，这是现代社会的一个普遍共识，虽然在“可行的范围”及“新制度的迫切性”方面始终存在着争议。[41]

波皮茨强调的第二点非常关键：“人对他人的权力建立在什么基础之上？”他自己这样回答这个问题：“人可能受到伤害的方式多样而隐秘……人对他人之所以拥有权力，是因为他能够伤害他人。”[42]人与人就像是猎人与动物，他们的身体会受到彼此的威胁。在所有的生物之中，人因为直立行走，没有皮毛，同时还有器官暴露在外，因此格外容易受到伤害，同时，人也能够伤害自己的同类。伤害的方式五花八门，有的是出于被迫，有的是为了好玩，有的时候也是为了自卫。[43]

但是，每一次伤害和被伤害都是发生在作为整体的人身上的：“我们强加在别人身上的痛苦从来就不‘仅仅是身体上的痛苦’。”[44]在现代社会，对身体的侵害同时也是对将自身视为身体和灵魂统一体的自我的侵害，伤害身体就意味着伤害有感知能力的自我，同时受到损害的还有注意力和行为能力，也就是自主行为的能力。[45]行使权力总是意味着对自由的限制，这在现代人看来是丑陋的行径，因为权力总是到处插手。[46]

这种情况也就解释了为什么现代社会对人的脆弱越来越敏感，直到今天，我们对此都非常关注：这种脆弱是人对权力并继而对政治产生的所有疑问的核心。脆弱从来就不是身体所独有的感受，精神也会被伤害，并且这种特性从一开始就具有社会性，因为它会引起他人的同情，让这些人对别人的痛苦感同身受。无疑，人的这种特性的发现是现代社会关注身体所享受的权利的重要原因。

不仅如此，从 19 世纪开始就被视为社会和道德进步的现代人文主义正是依赖于这种特性；正如柏林哲学家贝恩德·拉德维希

（Bernd Ladwlg）所说："现代人的人道思想就是对他人遭受的巨大痛苦的关注。"正是出于这个原因，禁止体罚才会被认为是一种道德上的进步，这种进步成为我们所在的这个分裂的现代社会所具备的特征：伤害是可以避免的。[47]

第四节 爱情并非只有痛苦：从狄德罗到玛莎·努斯鲍姆

1771年春，痛苦（Schmerz）与心（Herz）以纯艺术的方式相互押韵。年轻的歌德爱上了费雷德利克·布里翁（Friederike Brion），并创作了《欢聚与离别》（*Willkommen und Abschied*）一诗。在这首诗作最早的版本中，要启程离开的人是情侣中的女方："离别，多么压抑哀伤！你眼中闪动着你的心 / 你吻中的爱意 / 热情与痛苦啊！你离开，我留下，湿润的眼 / 看向地，看向你的背影 / 但是，被爱又是多么的幸福 / 还有爱，啊，是多么幸福！"[48] 主动与被动，灵魂与身体，幸福与痛苦——陷入爱河的人在缠绵难分时，就会因为相互敞开心扉而产生这种矛盾交错的情感。在这种情况下，不可能再要求保护情感不受伤害。

在一个人因爱情而向另一个人敞开心胸这件事上，我们最能体会现代人身心的脆弱，虽然18世纪的两个人权宣言都还没有想到在人身体的舒适感或者性满足方面提出任何要求（尽管托马斯·杰斐逊所说的"追求幸福"在今天可能会让人有这方面的联想）。现在的状态就是，对身心幸福的要求并不在基本法的规定之内，那里只规定了人自由发展的权利，以及最基本的生存权，而兴致寡淡、不愉快或是爱情的苦恼并不在法律的管辖范围之内。[49]

歌德的诗或许会让人怦然心动：爱情不同于政治，政治领域要避免的主要是身体所受的伤害，并不包括情感方面。要理解现代社会的特性，我们就应该考虑到，西方社会虽然原则上从 1750 年开始就提出要惩戒那些刻意伤害他人身体的行为，但精神上的伤痛却被忽视。虽然从《欢聚与离别》开始，[50] 爱情或者哀伤必然会造成的精神伤痛也换来了时人饱含泪水的同情，但即便是最有同情心的现代人也不会认为在爱情里造成痛苦的人就应该接受法律的惩罚。

之所以如此，是因为身体上的伤痛是可以避免的，而身体也能感知人的脆弱，关键就在于此。我们在说到不受伤害的要求，以及破坏这一点的权利时，判断我们所说的关键显然就是身体。不能够给身体带来伤痛，否则人就会受到伤害，这种行为会带来损害。[51]

对于经历了启蒙的人而言，爱他人的意思是只有在与他人相互产生好感的时候，才能够充分地拥有自觉、自尊，并确认自己是独一无二的。同样还是那个容易受到伤害的身体，却能够为了自己所喜爱的另外一个身体而敞开自我，现代人的感知力不仅能体会到疼痛，同时也能用一种全新的方式去感知欲望，这就是亲密关系。[52]正是这种经验促使自我认知产生和成长，而这样的观点也从社会的现代转型开始一直延续到当下的 21 世纪。

对这个开端产生了影响的不仅仅是歌德或者赫尔德，狄德罗在《百科全书》里的“jouissance”（“爱欲”）这个词条下给身体和灵魂之间新的不可分割性冠上了流传后世的名称。1765 年，他在这部世纪巨著中提出了这样的问题：在大自然给予人类的所有馈赠中，碰到一个能将自己拥入怀中的人，并且这样的温柔还能孕育新的生命，还有什么比这样的馈赠更让人感到幸福？狄德罗认为这种相互敞开胸怀的行为是作为个体并具有感知能力的人一种自觉自愿的选择，对他人的渴望反映了人的自尊与忘我。对伤害的恐惧是不可能没有的，在强烈的情感中，这种不安，或者也可以说是一种模糊的疼痛感是始终存在的，但狄德罗认为，出于自愿相互产生渴望的身体是不会伤害彼此的。归根结底，爱欲还是要将恐惧抛在脑后，“没有不信任和悔恨”，身体和灵魂要消除彼此间的不信任。[53]

现在，这场革命里就缺莫扎特了：不久后的1786年，莫扎特与达蓬特联手，在《费加罗的婚礼》这部具有颠覆意义的歌剧中讲述了爱情与权力的问题。伯爵阿尔马维瓦在剧中被剥夺了对农奴的“初夜权”，同时也失去了旧制度赋予男性支配女性奴仆身体的权利，取而代之的是平等的爱情。在剧中，代表这种情感的是女性，其中也包括剧中的贵族女性，这种情感将他人视为平等的人，对他人的自由也像对自己的自由一样表示尊重。[54]强迫侍寝的行为被认为是封建社会的残渣余孽，被情感方面的现代性革命摒弃，取代它的是关于爱情平等、没有暴力的观点。

但是，歌德对交错的情感与痛苦的诗意描写，狄德罗对亲密关系乌托邦式的想象，以及莫扎特歌剧中推翻掌权者的情感革命，这些与保护身体不受侵害的权利又有什么关系呢？我们说到的这些对于身体关系的现代转型是具有根本性意义的见证，因为在这里，爱情是拥有自由意志的人之间一种开放式的交互作用，[55]这为现代社会中的身体创造了新的空间，身体的不受伤害获得了更广泛的含义，不再局限于对国家强权的抵抗。这些对现代社会身体之间关系的乌托邦构想一直持续到今天。如今，人与人之间一些非常重要的关系，例如两性关系，或者父母和子女之间的关系，也被认为是脆弱的人之间的关系，[56]同时，全世界已经有亿万人知道人可以拥有不受伤害的权利。

至此，本章的内容就涉及了玛莎·努斯鲍姆（Martha Nussbaum）的一些政治哲学思想。努斯鲍姆认为不受伤害的权利也包括能够通过爱情树立自我，以及性经验中以自愿为前提的自尊。[57]在狄德罗的《百科全书》出版大约 250 年之后，保护身体不受伤害的思想又出现在了努斯鲍姆的著作中，不但其含义被重新解读，而且还增加了女性的视角。这位来自芝加哥的女哲学家重新审视了这个古老的问题：应该得到全面保护的人权究竟是什么？更具体来讲，不管是世界上的什么地方，需要做什么才能在日常生活中充分保护人的尊严，使人道不仅仅存在于理念中，而是能够体现在政治生活或秩序中？

玛莎·努斯鲍姆列举了一系列人的能力，并将其称为“核心能力”（Central Capabilities），处在这些核心能力中心的就是有权不受到伤害的身体及其各种形式的表达与经验，人道由此获得了政治视角。努斯鲍姆指出，政治或法律秩序应对所有公民提供保护，保证公民的身体不受伤害。人的生命不应该因为暴力或饥饿提前结束，生命的健康意味着人们能够在有意愿繁衍后代的时候做到这一点。

努斯鲍姆是从女性身体的体验上总结出上述观点的，正如她对印度人生活的分析一样。[58]但这里所说的实际包括两性的身体，她认为身体的不受伤害体现在：“能够从一个地方移动到另一个地方；能够不受到暴力攻击，包括性暴力和家庭暴力；能够获得性满足并选择是否繁衍后代。”[59]努斯鲍姆认为人权包括不需要在与他人的交往中担心受到伤害，并且能够在爱情、忧伤、欲望或感激的时候彼此信赖。[60]

脆弱的人类既然在 18 世纪中叶找到了同情以及普适权利的现代形式，那么在进入 21 世纪时，人类就应该是这个样子的：能够毫无恐惧感地面对他人，坦然接受欲望，自己决定是否生育。假如能来一场表决的话，恐怕不会有任何一种理念能像上面这些观点一样获得全世界大多数人的支持。然而下面一节中要讲到的内容将告诉我们现实并非如此。

第五节　体罚：现代法律体系中依然存在的暴力

现代社会构思出一幅幅美丽图景的时候，人身体实际的境遇又如何呢？对身体不受伤害的崇高要求（包括努斯鲍姆的政治哲学提出的那些广泛的要求）与人的身体在社会生活中的实际遭遇之间存在着一条深深的鸿沟。我们暂且不论现代性所提出的道德方面的要求，现代社会的法律在很长一段时间内允许人依照习惯践踏他人身体不受伤害的权利：体罚是被认可的，惩罚是司空见惯的，并且被认为是道德的必需；婚姻所受到的法律保护在很长一段时间内只针对少数人，同性恋是要受到惩罚的，夫妻之间的性行为被认为是必须要毫无怨言履行的义务；孩子什么也不是，不管他们遭受暴力的时候是否会疼痛。接下来我们就要谈谈理想与现实之间的这条鸿沟。

将痛苦视为对遭受痛苦者的不公对待甚或将这一点表达出来，

这经过漫长的历史过程。假如受害者根本意识不到自己所遭受的是不公正的，他又怎么会提出抗议呢？至少在性虐待这件事上，仅仅将其说出口都要跨越一个很大的障碍，所以直到今天才出现了以儿童遭受虐待为题材的文学作品。[61] 拥有众多读者的英国作家简·加达姆（Jane Gardam）的小说讲述了发生在大英帝国的虐待事件，奥地利作家罗伯特·谢塔勒（Robert Seethaler）讲述的是阿尔卑斯山区一个村庄里每天都在发生的体罚，奥地利导演迈克尔·哈内克的电影讲述了威廉二世时代的虐童行为，苏黎世历史学家米夏埃尔·哈格纳（Michael Hagner）关注的则是世纪之交时生活环境较好的人所遭遇的体罚。所有这些作品都将视线聚焦在儿童身体上所遭受的痛苦，而这一话题直到不久前还被认为是不值得讨论的。现在随着社会对暴力的压制，特别是随着妇女权利的加强，这个话题引起了人们的重视。[62]

罗伯特·谢塔勒发表于 2014 年的小说《一辈子》（*Ein ganzes Leben*）讲述了缆车检修工安德里亚斯·艾格的人生经历。孤儿艾格 1902 年流落到养父克兰茨施托克那里，养父对他百般折磨，但小时候的艾格并不觉得这有什么不对。成年后，艾格有一次回想起“大概八岁的时候，瘦小的他赤条精光地被挂在拴牛杆上，腿和头晃晃悠悠地垂着，几乎挨到了散发着马粪味儿的地板，小小的、苍白的屁股暴露在冬天冰冷的空气中，等待来自克兰茨施托克鞭子的洗礼。这个农夫像往常一样，先把鞭子在水里浸了一下，好让它变得更有弹性。然后，鞭子‘嗖’的一声，响亮地从空中划过，叹息着落在艾格的屁股上”[63]。

在谢塔勒的小说中，这种定期体罚总有各种“原因”，这些原因在今天看来非常牵强，有时是因为牛奶洒了，有时是因为面包长毛了，有的时候是因为晚祷的时候结巴了，反正不是什么特别的理由。在 1900 年前后这个阿尔卑斯山区的奥地利小村庄中，这不过是流传下来的男权秩序，这种秩序让对身体的暴力伤害占了上风："男人经上帝的手创造并获得了力量，为的是将世界以及地上跑的一切都收为臣民。"[64] 不管是其中的哪一方，都没有想到要因为身体伤害去起诉。

假如市民的生活被理想化了，那么我们就有必要提醒一点：这种对孩子进行的暴力管教并不仅仅发生在生活艰苦的阿尔卑斯山农民身上。迈克尔·哈内克 2009 年的获奖影片《白丝带》（*Das weiße Band*）讲述的是一战爆发前夕，在石勒苏益格－荷尔施泰因州一个虚构的村庄里发生的性暴力、暴力管教和孩子之间的互相折磨。这些家常便饭似的残忍超越了阶级，将贵族、牧师和医生联系在一起。牧师和医生在市民生活中的角色形成了恐怖行为的顶点，在这点上大城市和乡村没有区别。哈内克用一个刑事案件作例子还原了这样的场景：1900 年前后一个上等柏林市民家庭虽然受到了改革思想的影响，但却对正处在青春期的儿子们进行了异常严厉的管教，因为他们被认为有自慰这种有伤风化的行为。米夏埃尔·哈格纳在《家庭教师》（*Der Hauslehrer*）这部著作中，非常深刻地揭示了教育者如何被父母授权对自己的学生实施虐待，以帮助其改掉自慰的习惯，其中一个少年后来被虐待致死。[65]

上面这三个选自最新研究或创作的例子似乎只是从一百年后回顾 1900 年的历史而已，实则不然。我这里想要阐述的是以一种不同步的同步性持续进行的转变。即便只是讲述几代人的家庭记忆，刚刚过去的那段历史中对人身体的伤害也能够一直延伸至当下。虽然现在那种形式的暴力已经受到了压制，但这种对暴力的体验依然鲜活，直到今天依然在决定着人们的各种期望、体验、不安和失望，让现代人不断思索应该拒绝什么样的亲近，可以有什么样的欲望，以及必须要承受的是什么。希望拉开身体空间距离的想法由此而来，社会斗争的非同时性——未来自己也能够拥有现在周围人已经拥有的权利——也由此构成。

进入现代后，人们有了改变权力秩序并使自己的未来更加美好的勇气，[66]同时，这也让所有的公民都面临着新的问题：什么是合理的？对谁是合理的？在什么情况下是合理的？不仅政治生活，公民的个人生活也是可以改变的。每个人都知道，不久之前还很普遍的现象，或许不久之后就会成为不合理，只要它被认为是不合理的，并有人开始在政治上有所行动，例如刑讯逼供、对女性的性侵或者殴打儿童。问题只是在于：在被认为不合理之前，人的习惯能够起多长时间的作用？在社会进入现代及其引起的社会斗争中我们也能够看到，某种理念影响时间的长短是一个非常重要的因素，它可以将大家认为理所应当的事变成公认的不但可以说出来而且应该受到惩罚的不合理现象。

甚至是一些最终被写入法律的不合理行为也会在日常生活中继续存在，直到习惯被彻底改变。[67]因此，保护身体不受伤害的法律在将来也还是有变数的。“宣读正在进行，宣读永无止境”，这是林恩·亨特对 18 世纪中叶开始的这个进程的描述。即便是在 1949 年之后的德国，虽然基本法已经公布，但这个进程的未来走向也还是不确定。一些在今天看来不能接受的事用了差不多半个世纪才进入法律，例如被禁止的对妇女儿童的暴力行为。直到现在，对施加在脆弱人类身上的强权展开的批评才延伸并影响到个人和私密关系。

我们可以用一些粗略的数据来说明习惯的力量在身体的现代发展史中有多么强大、我们离摒弃暴力还有多长的路要走，以及某些法律出现得多么晚。之所以要列举数据，有一个很简单的原因：这些数据在说明新的历史发展的同时，也让我们看到这些新生事物是多么脆弱。数据可以让我们从一个侧面看到在那些曾长期渴望、现在终于也享受到法律保护的人的意识里，法律是多么不堪一击。其中一些法律从时间上看，也就是不久之前的事。例如跟儿童相关的一些数据：2000 年 11 月 2 日，德国联邦议会以压倒基民盟 / 基社盟联合政府的票数通过了一项法律，禁止在家庭教育中使用暴力。《德国民法典》第 1631 条第 2 款这样规定：“未成年人有获得非暴力教育的权利，禁止使用伤害未成年人身心以及其他带有侮辱性的措施。”联合国 1989 年的《儿童权利公约》用类似的表述禁止在教育中使用暴力，从时间上虽然早于德国，但对成年公民人权的规定早于此前 40 年就已经出台，即便对于联合国来说，《儿童权利公约》的出台也是很晚的了。

对学徒的暴力行为在德国也是很晚才被禁止的：1951 年 12 月 27 日，允许师傅对学徒进行体罚的所谓“家长式管教”才从行业条例中被废除，并且直到基本法公布 30 年后的 1979 年，巴伐利亚州最高法院还判决小学教师有体罚学生的惯例权利。

在男女关系问题上，曾经被认为是合理的行为从过去一直影响到现在。直到 1997 年 7 月 1 日，法律才禁止了婚内性侵犯，而早在十年前的1987年6月29日，《明镜周刊》头版头条的大标题就写着“政府计划立法以禁止婚内性侵”[68]。1973年11月德国刑法大范围改革之后，性自决权才取代了传统的对违反伦理行为的惩罚。1928年，允许男性体罚妻子的管教权才被正式废除，这项权力是1758年《巴伐利亚民法典》中的规定。在最新的关于难民政策的讨论中我们注意到：直到2005年，德国才认可将性暴力作为申请避难的理由，要知道在那个时候，体罚和非自愿接触的合理性早已被全人类否决。[69]

这里有一个被现行法律掩盖了的事实，1966年德国法院的一项判决证明了这个事实的存在，在这项关于婚内性行为的判决中这样写道：“女方冷漠地完成夫妻生活并不能算作履行了婚姻义务，即便女方由于个人的性格或是包括配偶可能的无知在内的其他原因而无法在夫妻性生活中得到满足，也应考虑维持婚姻感情，并表现出牺牲精神，不允许表现出冷漠或反感。”[70]1966年，德国联邦法院的第四民事审判庭还曾经就女性的义务作出判决，判决并不针对具体的诉讼，是具有普遍适用性的，针对的是所有的婚姻。福尔克马·西古希认为，直到上世纪60年代末还有90%的少女并非因为自己的意愿，只是“为了配合男孩”才与其发生第一次性关系。[71]认为国家和男性理所应当可以对女性或儿童的身体施加暴力的观点根深蒂固，同性恋也被认为是违法的。避孕药进入市场的时候，扬声器里传来的是滚石乐队的歌声，唱的是“我不可以不满足”。

我在这里概略地总结这段历史，是因为它能够让我们看到社会是有学习能力的，并且是从事实中学习。我们可以对比一下刚刚过去的那个时期——欧盟委员会2016年11月开展了一项调查，受访者需要回答这样一个问题："强迫配偶完成性行为是否是错误的，是否应被视为违法？" 1% 的受访者认为这样的行为既不是错误的，也不违法。德国的受访者中有 87% 的人认为此类行为是错误的，应被视为违法（8% 的人认为这种行为虽然是错误的，但是并不违法）。[72] 还有一个过去并不久的例子也能够让我们看到社会的学习速度：1998 年，汉诺威土耳其裔的青少年中有 41% 的人认为男性是家庭的主宰，应对其表示顺从；在文化发生转变的 20 年后，赞同这种观点的青少年只剩下十分之一。[73]

发展的迟缓让人感到遗憾，但它的速度就是这样。在所有的迟滞中有一个巨大的转折，这个转折就体现在自然人的身体上，以前是，现在也是。虽然今天人已经在很大程度上获得了自愿与自决权，但是非自愿的情况依然存在，并且继续发挥着影响，这种现象不会那么容易消失。[74] 不仅是保护人的身体不受伤害的法律存在时间还不长——这体现了人身体的脆弱——同时，今天大家也公认存在一些打着婚姻、家庭和教育的幌子伤害他人身体的行为，而这些行为直到不久前还不被认为是犯罪。虽然社会已经在进步，但是生活现实却提醒我们不能放松警惕：根据最新的犯罪调查数据，涉及违反性自决权的起诉达到 14905 起，其中 93% 的受害者是女性，如果从广义的侵犯来看，曾遭受配偶暴力侵害的人数高达 133080 人，其中大约 109000 名为女性。[75] 被使用暴力管教或虐待的未成年人的人数依然很高。根据警方 2016 年的最新统计，依据德国刑法第 176、176a 和 176b 条的规定，针对虐待儿童的调查和刑事诉讼超过 12000 起，这些案件主要发生在与儿童最亲近的社会关系人群中，肇事者主要是男性。[76] 还有另一个事实也能够让我们看到时代变化所具有的不确定性：在政治领域，人们不断地追问保护身体的权利针对的是什么人，保护身体不受伤害又具体指什么。我们也许可以认为这些问题已经从根本上得到了解答，没有理由再去质疑什么，但是 2005 年德国才将性侵列入申请避难的理由，这件事轻易就可以推翻前面这种想法。法律的形成过程尚未完成，讨论还在继续。[77]

而且这还不仅仅是个法律问题。不久之前大家对这些司空见惯的痛苦还闭口不提，这方面大家说得越多，我们也就越清楚地看到：决定现代社会的种种承诺是否能够兑现的，正是妇女和儿童保护自己身体不受伤害的权利、性的自决权以及世界各国妇女不受限制的个人自由。进入新千年之后，在全世界范围内占据上风的男性专制体制对这些保护身体的法律形成了挑战，这里的保护不仅仅针对女性身体。所有这些都造成了后现代社会的不确定性。可以说，直到现在我们才看到现代社会渐渐体现出女性的一面，一些人想要得到的，恰恰是另一些人无论如何不愿意失去的。

第六节　不可逆的女性视角

为了仔细观察一种不安情绪，我在 2017 年 2 月一个下着雨的日子去了一趟巴黎，去见一下出生在突尼斯的精神分析学者兼社会学家菲提・邦斯拉玛（Fethi Benslama），他是巴黎第七大学的教授，学校在 13 区托马斯・曼路，他的办公室在很高的楼上。我想从邦斯拉玛那里了解的问题是：对防止非自愿身体接触的法律保护从历史发展的角度看是否可逆？就如大家现在普遍忧虑的一个问题，这种发展会不会像保守派担心的那样，因为某些宗教和社会传统而受到威胁？“有些社会现实是不可逆的。”邦斯拉玛微笑着说。虽然政治领域充斥着各种对危机的预言，但他说这话的语气很坚定。不可逆的意思就像是说你不可能把挤出来的牙膏再装回到软管里去，这位伊斯兰专家边解释，边为这个听上去很随便的比喻表示歉意。他说牙膏就是女性支配自己身体的自由。[78]这是决定性的。

在菲提·邦斯拉玛关于现代伊斯兰教的著作中，能够被外人看到、没有被包裹住的女性身体是主题。这在他看来展示了以身体为代表的现代社会：拥有性的自由，同时又不必惧怕暴力。在最新的一部著作中，邦斯拉玛指出，对于一些伊斯兰教徒来说，女性只能够是去除了性特征的母亲、姐妹或者女儿。[79]

菲提·邦斯拉玛认为这些奇特的想法值得花点时间去想一想。首先，这些想法体现了伊斯兰世界的历史发展：随着1924年奥斯曼帝国的灭亡，伊斯兰教失去了往日世界政治舞台上的权力。1923年，埃及女权主义者、政治家之女胡达·莎拉维（Huda Sha'arawi）揭掉了面纱，这种象征解放的举动深深烙进人们的集体记忆中，影响的不仅是女性。在邦斯拉玛这位研习了精神分析学的社会学家看来，作为第一个穆斯林组织的穆斯林兄弟会在1928年的成立并不是一个偶然，发生了这些重大事件之后，伊斯兰世界中的人开始思考身为穆斯林究竟意味着什么，同时大家也开始思考身为男性或者女性究竟意味着什么。这些问题在伊斯兰世界的发展历史中是没有答案的，但是女性支配自己身体的自由是不可撤销的，并且也是不可阻挡的。戴不戴面纱并不会有所改变。

这段历史中还有一点奇特的地方，那就是它直到不久之前还与西方现代社会的发展有着惊人的相似，从中我们可以看到自己历史发展的一些脉络。现在大家感到不安，不过是因为这种历史的相似性唤醒了人们的集体记忆，在巴黎更是如此，因为这里是现代社会的开端之一。在 19 世纪的巴黎和伦敦，两部尚处在资产阶级规则和法律束缚之下的作品讲述了婚姻中的问题，当时保护身体不受伤害的法律还没有在那里实行。

其中一部是发表于 1842 年的法语小说，作者是巴尔扎克，这部小说的名字叫《三十岁的女人》；另外一部的作者是英国自由主义思想家约翰·斯图尔特·穆勒（John Stuart Mill）和妻子、女权的倡导者哈莉耶特·泰勒·穆勒（Harriet Taylor Mill），他们共同撰写了一部名为《妇女的屈从地位》（*The Subjection of Women*）的著作，并于 1869 年发表。[80] 这些作品值得被人记住，因为它们比相关法律的发展提前了一百多年。这两部著作非常坦率又尖锐地描述了无数女性可能会有的遭遇，以及很多女性已经有过的遭遇。

巴尔扎克极度扩大了羞耻心和文学作品能够表达的内容范围。在《三十岁的女人》这部小说中，疼痛、折磨和伤害在一桩 19 世纪的婚姻中被认为是合情合理的存在。1813 年的巴黎，热恋中的年轻少女朱莉不顾父亲的警告，一心要嫁给上校德·艾格拉蒙，并且她也这样做了。故事一开始看上去就是自由恋爱的冲动和对过时的父权秩序的反抗，这是符合新时代精神的。但很快，爱情就被套上了婚姻的义务，年轻女人完全没有意识到自己所要承担的这些无法避免的义务。由于朱莉从法律上看只是自己丈夫的妻子，除此之外什么也不是，并且也不可能是什么，因此她的身体也就无法避免地落入了丈夫的掌控之中，成为他的财产。朱莉的脸上带着绝望，一个骑着马从她车旁路过的英国年轻人从马车玻璃窗上看到了这张痛苦的脸。这个年轻人是一个双性人，他的身体是女性化的。朱莉很快就迷上了这个年轻人，因为这个感情细腻的男人绝对不会靠近她的身体。[81] 小说的叙述者是个不折不扣的现实主义者，他将这个人物称为“幻象”。

年轻女人的忧伤是因为丈夫不断地要求性生活，而这也是他的权利。女人有一天晚上对一个老婶婶承认说：“他要的次数太多了。”[82] 让男人感到幸福的事情对女人来说是致命的，她的身体很快就受伤了。“她患上一种炎症，这种炎症经常能要了人的性命，女人们相互之间说起这病都是窃窃私语，而这个病在我们的语言里还没有名称。”[83] 备受折磨的女人在写给女友的信中说道：“你要结婚了，路易莎，想到这个我就不寒而栗。可怜的孩子，你结吧，但是要不了几个月，你的心中就会充满苦涩的悔恨……要不了几天，你的丈夫就会把你变成我现在这个样子：一个丑陋的、病快快的老女人。”[84]

在身体的痛苦之外，还有心理上的屈辱，比如在旁人面前丢脸，因为德·艾格拉蒙很快就开始找女人，这也成为情理之中的事，因为妻子不能满足他的需要。他是这样说的：“从这个意义上来说，我的出轨行为是合理的。”从 1750 年开始，同情就已经进入了被启蒙的法国人的精神世界，但是在通行的习俗面前，那不过就是“残忍的同情”。[85]

狄德罗认为现代的爱情能够孕育出自尊，但是自尊在这里被扭曲了：“她对自己完全没有了任何尊重，她咒骂婚姻，恨不得去死。”巴尔扎克在 1829 年的著作《婚姻生理学》中赞扬了爱情的艺术以及性生活的美满，其中并不排斥婚姻。但他的小说人物朱莉却代表了《婚姻生理学》中的一句话："婚姻并不值得为其所付出的代价。"[86]

巴尔扎克在《三十岁的女人》中用文学的方式处理了这个题材，英国的穆勒夫妇则是从根本上剖析了这个"反动的19世纪"（根据我们掌握的资料以及他们自己的文章，这对夫妇的婚姻生活是当时难得的幸福）："一个性别在法律上从属于另一个性别的事实是极大的不公正，是迄今为止人类迈向更完美阶段的道路上最大的障碍之一。"[87]这是源自"奴隶制度"的"建立在暴力基础之上的权力"[88]，即便是在上等人家也很常见，而这在穆勒夫妇看来就是丑闻。

阻碍政治领域斗争的竟然是两性关系："被压迫的人都生活在他人的监视之下，我们可以说，他们被掌握在主人的手里，与主人的亲近关系超过了与其他任何人的关系，他们没有摆脱主人的办法，没有在主人的地盘上压倒他的权力。"[89]从经济到法律上的依赖性使得这些"奴隶"——市民生活中的那些妻子们——没有任何出路。

更糟糕的是，所有这些人都知道，她们作为别人的妻子，是享受了法律上的优待的，因为只有富裕的人才有权利结婚。[90]19世纪的欧洲社会对婚姻有限制条件，这就意味着，只有享有公民权的人结婚才是合法的。举个例子：在1800年前后，维也纳的30万城市居民中，只有37590对夫妇，[91]而只有合法的婚姻才被认为是符合道德规范的，人只有结了婚才能成为体面人。穆勒夫妇认为女性就是出于这个原因，宁可忍受"糟糕至极的虐待"，也不会去寻求法律的保护，更何况这个法律在当时还不存在。穆勒夫妇在论证了没有权利的人面临的绝望处境后，补充了“习惯”这个至关重要的概念：“女人屈从于男人是一种普遍存在的习惯……社会需要女人结婚并繁衍后代，但女人不会自愿这样去做。”[92]

婚姻成为性迫害的延续，养育子女也并非出于自愿，国家和法律则站在男人一边——这就是作为开明的自由主义女权倡导者的穆勒夫妇在他们的政治论文《妇女的屈从地位》中提出的法律所认可的习惯。[93]从1750年开始的保护人身不受伤害的思想在与现实的碰撞中不断促进法律的形成，虽然就像康德1784年在描述理性的发展过程时所说的那样，“有破坏，有颠覆”，但仍然以很缓慢的速度发展。[94]男人主宰的历史叙事虽然在现代发展受阻，但是对女性来说，过去、现在和未来的区别不可谓不大。

菲提·邦斯拉玛在2017年那个阴雨的二月举的牙膏的例子看似浅薄，但又说得很贴切：我们一旦认可世界上的所有人都拥有身体不受伤害的权利，一旦体罚、攻击和对他人造成的伤害被认为是不道德和不合理的，那么很快就不会有女性接受违背自己意愿的身体接触。如果是那样的话，那么这个历史的进程就是不可逆的，但是这个过程会很漫长。西格蒙特·弗洛伊德在1900年前后通过自己的工作了解到发生在婚姻和儿童生活中的痛苦，这让他很忧伤，他的忧伤是有道理的。[95]刑事犯罪统计和妇女平权组织提供的证据都清楚地展示出了今天的社会现实。不过，今天的世界毕竟已经有了玛莎·努斯鲍姆的“身体完整性”这个具有普适性、涵盖范围极大的概念。

历史发展的进程快慢不一，会相互促进，这是女性的发展史上的必然现象。在这里，我想再举一个例子：巴尔扎克小说《三十岁的女人》的女主人公朱莉在最后倒地而亡，这个时候她五十岁，作者明确地指出了她的年龄。这或许看上去有些奇怪，但我们既然开始关注到了历史发展中非同一个时空里的同时性，那么最近的法律界就有两个事件值得我们注意：2017 年夏，斯特拉斯堡的欧洲人权法院裁决 50 岁以上的女性依然有性生活的权利；[96] 而几乎就在同时，突尼斯也颁布一项法律，禁止对妇女实施性暴力。这就在不同的空间形成了一幅富有张力的图景，依地点、国家、时间的差异而不同，并且还在不断地变化中。

第三章

保持距离

第一节　默默的反抗：别靠我太近

1903 年的柏林，到处都是人，对于这座勃兰登堡沙土地上发展滞后于其他地方的城市而言，这简直是不可想象的。这座大都市的居民数字在世纪之交时翻了一倍，短短几年中就增加到将近两百万人。这座城市中有接近一半的人生活在逼仄的小公寓里，公寓里只有一个房间有暖气，每个房间里平均生活着四个人。[1] 早在 1871 年，就已经有 20% 的柏林市民生活在被描述为“拥挤不堪”的房子里，在这里“拥挤”的意思是五个人住一间屋。1895 年，有 7.27% 的男性“寄睡者”，也就是说他们只是在这类拥挤的房间里过夜，并且要付费。[2] 1910 年前后，有 70.9 万柏林市民生活在这种拥挤中。[3] 而这种恶劣的生活环境并不是出于自愿的选择。

柏林西区的菩提树大道 13 号则不同，这里很宽敞，工人真实生活中的拥挤与《大城市及其精神生活》（*Die Großstädte und das Geistesleben*）中所写的内容看上去有天壤之别。这部杂文是文化哲学家、社会学家格奥尔格·齐美尔（Georg Simmel）的作品。齐美尔因继承遗产而过着优渥的生活，1901 年，他成为柏林大学的非教席教授，与妻子住在中产阶级聚居的夏洛特堡区。他在 1903 年的一篇文章中论及密集人群中的身体接触，对别人可能过分亲近的恐惧，以及人与人之间拉开身体距离可能带来的各种后果。齐美尔写道：现代人生活中最深刻的问题就在于“面对强大的社会时，作为个体的人为保持自己的独立性和存在的独特性所做的努力……”这位给时代病做出诊断的人虽然自己生活的环境并不拥挤，但是他对自己所处时代中那种潜在的、可能形成威胁的拥挤有种非常准确的直觉。

从 18 世纪中期开始的围绕现代转型的各种斗争中，齐美尔总结出了一个根本的主题：那就是“在社会技术机制中，个体为了不被平均化（nivelliert）和过度消耗所做的努力”[4]。齐美尔用了一个在今天看来依然惊人且适用的说法，他提出当今社会城市化的特点是“内心性格从精神上的个性化”。齐美尔认为，只有在拥挤的城市才能实现社会发展由量到质的转变，在城市中，人从传统的束缚中被解放出来，同时失去了宽敞的生存空间，每个人作为一群自由陌生人中的一个，都是独一无二的。

而这一点也是因为抵御拥挤和狭窄的混乱感受产生的。因城市的拥挤，人们在擦肩而过时身体无意中接触，这唤起了对距离的渴望。个体将自我封闭起来，与外界划分界限，为的是能够感受到自己的存在以及自己的反抗。对于现代的大都市而言，有所保留是典型的心理状态，“正因如此，我们才会连多年的邻居都没有见过”[5]。世纪之交时，大都市中那些焦虑的灵魂不仅表现出疏离，而且还有一种神经质的怀疑：“身体出于不同原因发生接触的同时，会以仇恨和反抗的形式表现出默默的反感，以及互相之间的陌生和厌恶。”[6]作为个体的人要避免身体接触，保持距离，以免被突然的、无法掌控的亲近所伤害，或者避免自己去侵犯他人。[7]

我们可以从“别靠近我”这种包含厌恶情绪的态度中看到柏林受过教育的市民享有的社会特权。这种疏离和厌恶体现出的是个人能够随时离开并“关上门”的自由。摆脱了乡村和小城市逼仄的现代人所得到的，用齐美尔的话说就是“自由行动的权利”，这是一种新的历史现象。这种自由值得注意的一点在于，它既是心理上，也是身体上的，因为“一个人并非以他的身体或他的活动直接抵达的区域为终点，而是以他在时间和空间上从自身延伸出来的效果的总和”[8]。假如我们的精神能够伸展双腿，我们的心能够张开双臂，那么这样的四肢所及之处就是齐美尔这段关于身体界限的话想说的意思。[9]

齐美尔所描绘的大城市居民依据的显然并不是住在柏林威丁区那些拥挤不堪的狭小住房里的人，而是中产阶级的男性和他自己生活的环境。用现在大家描述灵活移动的可能性的话说，这个人能伸得开腿、迈得开步，他从心理到精神以及行为的发展都是因为有了自由空间，以及身处人群中时可能产生的对身体接触的厌恶。1900年前后在柏林夏洛特堡区常见的那种空间距离是一种社会特权，正是从这种特权之中衍生出了作为一种反抗形式出现的个体性。[10]

这些都是发生在过去的事，但是齐美尔的这篇文章直到今天依然给我们带来触动。产生在宽敞的夏洛特堡区关于现代人个性的观点与威丁区出租屋中拥挤的居住条件之间反差巨大，而这种反差在全世界燃起了对个体化的追求：要求空间，要求彻底摆脱乡村或家庭的桎梏，希望获得自由、变成陌生人，希望感到自己的行动是有效的！但同时也能够体验到自由的另一面：“在某些情况下，你会觉得没有什么地方比在大城市的喧嚣中更孤独和被遗弃。”[11] 个人所体会到的独一无二和反抗就是源自这种辩证关系之中。

直到今天，这种齐美尔式的“默默反抗”的态度依然吸引人，原因就在于它和居住空间之间的张力虽然奇怪，但是对人作为个体的发展至关重要。[12] 齐美尔所描述的强烈孤独感中始终隐藏着的危险被这种态度放大了。2017 年 11 月，《南德意志报》在一篇报道中描写了居住密度的增加和大城市中的生活压力，并指出现在广泛存在的压迫感：“地方越来越小。”[13] 这篇文章中并没有提到的一点是，在过去几十年中，德国人均居住面积其实是在不断增加的，到今天已经创下历史新高。那些在这种情况下还忧心忡忡地说地方越来越小的人，从统计数据的角度看所拥有的空间其实是很大的。这种矛盾所体现出的是现代人一方面由于居住条件的改善，因而与他人之间的物理距离不断拉大的事实；但另一方面，现代人也面临着既要独一无二，又被压迫感和孤独感威胁的压力。在下一节中，我们将讲到这个问题。

如今在世界上的每一个角落，避免难以避免的身体接触的愿望几乎是推动转变以及农村人口外流的最重要因素之一。2017 年 7 月的一项研究结果让我们看到，齐美尔所论述的这种通过空间距离实现个性化的形式在全球范围内发展速度惊人。“世界价值观调查”对 78 个国家在 51 年中的数据进行评估，涉及居住面积、独居及离异者数字等，从中得出的结论表明，在几乎所有参与调查的国家中，个人主义作为一种价值观都在加强，这种价值观强调个体的独一无二，并且会使个人与集体拉开距离，个体会离开集体，离开大家庭，并导致离婚率上升。齐美尔也许会这样说：个体拼尽全力摆脱集体的束缚，为的是“在强大的社会面前维持个人的独立存在以及独特性”。只要生活条件能够允许人们稍稍拉开与他人的距离，这个变化过程就会出现，在大多数情况下这就是钱的问题。

第二节　无可避免的靠近：在同一屋檐下

格鲁吉亚的大城市第比利斯，2017 年。人与人之间无法避免的靠近所代表的含义，在很多西方人那里是早已被遗忘的过去，但是在格鲁吉亚城市里的一个大家庭中却每天都在上演。这个家庭中的夫妻在自己家里的时候，几乎无时无刻不是在年迈的祖父母眼皮底下活动；已经成年的女儿跟自己的男友躺在床上的时候，母亲正在房间里收拾柜子，相互无法躲开。8 个人，3 间房，他人总是挨在身边，近到每一个人都希望能够拉开距离，或是能够躲躲清净，出于自愿的身体接触几乎不可能不在他人的观察下发生。[14]

2017 年，格鲁吉亚和法国合拍的影片《我的幸福家庭》（*Meine glückliche Familie*）在柏林电影节上引起了大家的关注。这部影片由娜娜·埃克夫蒂米什维利和西蒙·格罗斯联合导演，影片中描述的这种生活让人们重新回想起西方世界不久之前还普遍存在的现象，但在今天，空间上的这种拥挤和无法躲避的靠近已经很少见。影片成功地唤起了人们对刚刚过去的那段历史的恐惧，其中一个个日常生活的画面让观众心中的不舒适感越来越强，唤起人们对可能会到来的攻击的担忧。[15]

这套平层公寓中的家庭生活拥挤、狭窄，镜头几乎无法保持距离，这也是一种非自愿的靠近。镜头几乎无法记录完整的轮廓，拍摄过程中也无法避免噪音。不过，这种靠近也有好的一面，温暖的一面：大家挤在一起庆祝，酒杯、蛋糕、香烟，几个男人弹着吉他唱歌，伴着嘈杂的说话声，以及祖母不断的大声抱怨。一个女人呆呆地、沉默地站在阳台上，这是她的生日会。她是玛娜娜，52岁，教师，也是母亲、妻子、女儿。就在这一天，她将宣布自己要离开，搬出去。所有人都会问她为什么。没有理由。她打包行李，独自搬进了一个条件非常差的小公寓里，这里就像是个梦中的地方：安静，门关着，没有人说话。

影片集中展现了长达几个世纪的个人化历史，随着历史进程逐渐步入现代，社会变得越来越富裕，人们的居住空间越来越大，同时也有了维持身体之间界限的权利，这个格鲁吉亚家庭给数以百万计的欧洲观众展示了这段浓缩的历史。在新公寓里，玛娜娜终于能够一个人坐在窗边，捧着一本打开的书，披散着头发，后面传来轻轻的钢琴声。这些画面是欧洲浪漫派表达欲望的典型模式，比如卡斯帕·达维德·弗里德里希（Caspar David Friedrich）的名画《窗边的女人》，或者弗吉尼亚·伍尔夫的小说《一间自己的房间》。几乎每一个在2017年看过这部电影的观众都因自己家族代代相传的故事而熟知这段发展历程，不管是在巴黎、伦敦还是柏林，他们都知道那个很多人一起挤在小房子里，并且不得不摩肩接踵的时代。

例如迪迪埃·埃里蓬（Didier Éribon），这位1953年出生的法国著名的社会学家不久前在他带有自传性质的社会分析著作《回归故里》中讲述了自己在法国北部工人家庭拥挤的生活环境里度过的童年：这个四口之家从1950年起，就挤在同一个房间里生活了很多年，小迪迪埃跟哥哥挤在一张祖父自己做的床上，家里没有浴室。搬进一套独立的公寓之后，依然如此。父母和孩子加起来四个人全都睡在同一个房间里，公寓基本上没有取暖设备，饥饿和暴力是家常便饭，小男孩儿总是冻得瑟瑟发抖。[16] 这家人就这样过了差不多十年，直到 20 世纪 60 年代初，家里“终于”有了两间卧室，但那时孩子已经变成了四个。[17] 不情愿的相互靠近是欧洲自传作品中的重要特征，并且从根本上影响着人的思维方式。如今三十岁左右的这一批人的祖父母，包括部分人的父母都是在这样拥挤的环境中长大的，拥有一个自己的房间常常只是个梦而已。

波兰团结工会领导人、后来成为波兰总统的莱赫·瓦文萨（Lech Walesa）曾经在带有自传性质的文章中讲到自己的五个孩子如何在 20 世纪 70 年代挤在波罗的海边但泽地区的一套小公寓里长大，白天，这个七口之家的每个人都会尽量留在外面活动或工作。瓦文萨说：“到了晚上就很困难，因为要给五个孩子洗漱，让他们吃饭，上床睡觉。我们得先把床支起来，床垫几乎铺满了整个地板，那套公寓有两间房，其中一间宽有一米半，另一间类似客厅，放着父母的床、孩子的床，还有桌子。”[18] 房间的角落里放着一台缝纫机，上面堆着团结工会的传单。孩子们睡了之后，瓦文萨就与共事的伙伴一起做那些传单。

大多数人直到不久前都还被迫生活在这种拥挤的环境中，只有考虑到这点，我们才能够真正理解居住空间的迅速扩大是多么翻天覆地的变化［法国历史学家菲利普·阿利艾斯（Philippe Ariès）和乔治·杜比（Georges Duby）将其称为“革命”］：正是这样的变化，才让我们终于能够主动地与他人拉开距离，同时允许我们将自己与外界隔绝。关上门，我们便有了一种受到保护和与众不同的感觉，自己的身体也可以被用来完成自我塑造的任务。[19]这种与外界的隔绝使格奥尔格·齐美尔的“默默反抗”继续朝着民主化的方向发展，不再只是对他人违背自己意愿的靠近所采取的带有潜在攻击性质的反抗。比如诺贝特·艾利亚斯（Norbert Elias）在关于人类文明史的著作中讲到了人们在夜晚不再与他人分用同一张床的特殊意义，他认为这在社会现代转型早期的巴黎上流社会中是带有解放性质的，人的身体被相互分隔，这会更加让人感受到自己的权利，也让我们看到了自己在让人压抑的生活环境中如何与他人拉开距离。[20]

但是，“活动自由”程度的增加形成了一个开口，这个开口就是现代开放式社会的特征，它使得人们之间能够自愿地彼此靠近，根据大家的协商，对共居生活从空间上进行规划，并允许撤出。这种距离并不一定意味着孤立或者孤独，并不像认为社会在衰落的悲观主义者担心的那样，因为那些必须完成的社会生活的质量也同样取决于是否出于自愿。在《我的幸福家庭》这部影片中，直到小公寓的门在他们身后关上，夫妻两个人能够不受打扰地看着对方，他们才真正对彼此敞开胸怀，相互倾听对方。“你是谁？”玛娜娜这样问那个之前共同生活了几十年的男人。

能开能关的门创造了一个开口，这个开口因此变得具象，自愿的彼此靠近恰恰是在通向邻居的门那里变得多了起来，虽然这可能与机构的调查结果不同。根据不久前一项针对德国的研究，1953年只有 22% 的人会去按邻居家的门铃，这些人的目的是借东西，只有 13% 的人会请邻居到家里来。这种人与人之间的疏离在过去五十年中已经从根本上转变为人们对彼此的开放心态。2007 年，有 51% 的公民会去向邻居借自己需要的东西，相互邀请的比例达到了 43%，翻了三倍还多。一些供邻里之间交流的在线平台，例如“问问邻居”（FragNebenan），“邻居网”（nebenan.de）和“我们是邻居”（WirNachbarn）等也越来越普及。[21]

对于身边的人而言，这个开口总是在自愿的前提下打开的，包括自愿将自己的住所分享给“沙发客”的这种全新的社交民宿形式，也符合人与人之间主动靠近彼此的行为。但是，这种靠近是有严格时间限制的，从这个意义上讲，也是人们希望能够掌控彼此距离的愿望和策略的体现。对陌生的人而言是如此，对熟悉的人而言也是一样。在一个家庭的几代人之间，虽然大家已经不生活在同一个屋檐下，但是人们依然自愿维持着之前的关系。

与他人、邻居，特别是与陌生人之间的空间距离无疑是符合人们愿望的，也是受欢迎的，这或许是摆脱让人压抑的贫困最为明确的表达形式。只要有这个能力，那些买得起昂贵住房的人经常会选择与他人拉开距离。在富裕的欧洲，距离成为社会福利国家提供的保证，成为人们的习惯以及精神生活的基本条件。[22] 在科隆大教堂广场 2015/2016 跨年夜发生大规模性侵事件之后，科隆市长亨丽埃特·芮克（Henriette Reker）曾提出与陌生人保持一臂距离的建议。她的这个建议得到了研究界的支持：在今天，西方社会的人如果与他人之间的距离小于 45 厘米，就会感到恐慌。[23] 瑞士右翼民粹主义者能够打着“密度压力”的旗号反对移民，并不是空穴来风。

当然，单纯从居住面积来看，我们并不能了解到社会的很多情况。包豪斯的设计师瓦尔特·格罗皮乌斯（Walter Gropius）在居住条件紧张的20世纪20年代就曾经提出，单纯从面积并不能够推导出居住的质量，他这样说是非常有道理的。格罗皮乌斯认为光线和窗户带来的与外部世界的联系以及对外的敞开相对更加重要。尽管如此，我还是要在这里多提一下统计数据，因为恰恰是对那些独自坐在明亮客厅的沙发上看这本书的人来说，这些数据能够让他们对历史转变的程度有一个清楚的了解。

我在前文中已经讲到了战后德国“支离破碎的社会”中逼仄的生活，以及在这种环境下《基本法》中新提出的保护身体不受伤害的权利。当时常见的居住条件是平均每个房间住2—3个人，这些房间中还包括没有窗户的地下室。[24] 今天的生活条件正是从这样的拥挤中一平方米、一平方米地构建起来。但是，如果我们以1945年以后的德国为观察对象来思考个人化以及富裕生活的历史，就能够看到，这段历史的发展结果是今天随处可见的具有移动性、“能够自由行动的”、只在某些地方体现出团队性的单独个体，他们相互之间能够保持很大的距离。这解释了为什么如今单身者占到了家庭总数的41%，不管是在德国的东部还是西部，这都是最常见的家庭规模。[25]

单纯从居住面积上我们还能够看到，在德国，人均居住面积已达到45平方米的历史新高，因此，人与人之间的空间距离也是前所未有的大。在1950年的德国，这个数字还仅仅为14平方米，也就是说，每个人能够拥有的面积在过去的这些年中翻了三倍。德国东部地区的发展速度相对平缓，但也呈现出类似的趋势。[26]

不管是在哪里，人们被迫彼此靠近的情况似乎是已经消除了，直到居住问题重新找上门来，某些人似乎又要回到父母亲那一辈曾经拥挤的生活条件，只不过这次换了一个形式：2015 年夏末，难民涌进德国，这唤醒了德国人关于身体的记忆。不仅仅是很多德国家庭想起了曾经的流亡经历，随着新来的这些人的涌入，对于几十年前拥挤的居住条件的回忆也重新鲜活起来。拥挤对于家庭生活也产生了影响，大家突然又开始说起了“大家庭”这个词。家庭以新的规模重新进入了从统计数据上看生育率低下的欧洲，而现在的状况在已经进入老龄化的欧洲国家已经成为历史。一个潜在的事实是，那些作为难民逃亡到德国边境、来到德国相关机构的男人们背后都有多个被留在家中、需要供养的家庭成员。

有件事很让人感到吃惊，所以也应该讲讲。即便在上面说到的这种情况下，自愿的原则也占据主导地位，并且影响范围广泛。在难民大量涌入的几个月中，从未有人提出过强制分配住房，这种分配方式在 1945 年之后曾经非常普遍。任何人都不会被强迫打开自己家的房门（尽管公立学校的体育馆是被征用了），但却有很多人自愿打开了房门。国家的行动以私人住宅的边界为止。[27] 政府首先提供了一些临时性的集体安置点，但是很多城镇也为那些不得不挤住在体育馆或集装箱里的人规划了新的居住空间。2015 年秋，进入德国的难民数字迅速上升到了 86 万，突然之间就出现了许多关于人们如何挖空心思规划居住空间的报道，让人隐隐地想起刚刚过去不久的那个住房短缺的时期。例如路德维希堡就启动了一个名为 NEST（New Estate Short Time）的计划，该计划设计了难民可能的居住方式：建造大规模、可容纳多户的房屋，建造速度快，未来可转换用途，新来的人可以在那里以 15 个人为一组共同居住。[28]

同时，这些计划还努力兼顾人们在拥挤的环境中相互间保持距离的需求，例如不莱梅紧急制定的智能综合房屋计划。70 平方米的房子里，11 个人分住 3—4 个房间，房子分两层，设计还强调了其中的私人空间。[29] 为了将来能够转换用途，隔墙尽量做成活动的。这些都是各个市镇在巨大压力之下能够提供的最好的解决方案。作为集体安置点的替代方案，这些计划令人信服，但同时，这些计划也制造出了一个新的社会差异。对今天的德国公民来说，这种狭小的住所是不能接受的。作为一个社会福利国家，低保福利 Hartz-IV 的相关规定确保了人能够与他人之间保持相对较大的距离，按照相关规定，一个四口之家最低住房面积为 85 平方米。读过难民相关报道的每一个人，都会从难民拥挤的居住环境联想到自己富裕的生活，会将这种拥挤认为是政治面临的挑战，但有这种想法的人并无需自己去忍受拥挤。

但很有趣的是，一方面难民的涌入让本地的德国居民看到了被迫共同生活在狭小空间里的情况，另一方面，一种新的、带有试验性质的想法也进入了公众的讨论。我们注意到，关于自愿生活在拥挤空间中的报道也多了起来 [30]，同样增加的还有关于非自愿孤独的报道。[31] 一种与现实生活的需要及生活条件限制相关的价值观转变正在悄然出现：独自一个人生活在宽敞的空间中如今看上去已经不再是一种美好的或是无可比拟的理想状态。保护自己不受伤害与对他人保持开放态度似乎不再形成对立关系。终于能够有效隔绝外界的门，如今也能够重新打开，而且是在并非完全有必要的情况下。

接下来，我将从众多不同的住房形式中选择两个作为例子，讲述一下这种发展变化。首先我要讲的是柏林的建筑设计师范 · 博 · 勒 – 蒙策（Van Bo Le-Mentzel），他没有尽力扩大空间，而是有意识地用另外一种方式来设计居住空间。蒙策设计的“迷你屋”（Tiny House）空间紧凑，这是一种不需要逃离的缩小，尽管房子小到了无可比拟的程度。蒙策在一次公开的活动上曾经对听众这样说过：“您要是写书的话，那请您告诉别人我说了什么，请与人分享您所听到的。”好的，那么我现在就来做这件事。

第三节　自愿的靠近：“迷你屋”和维也纳的居住计划

无法逃离的拥挤：这是什么样的感觉？范·博·勒－蒙策设计建造的“迷你屋”如今已经广为人知。因为个人的经历，他非常清楚逃离是什么意思。这个瘦小的男人说自己的工作和想法从根源上来说就是他个人的逃亡史。1979 年，12 岁的蒙策跟父母亲一起逃出老挝，他们被人从海中救起并带到德国。蒙策在柏林威丁区上的学，他做过说唱歌手、涂鸦艺术家，后来才成为设计师，依靠给领取社会救济的人设计便宜的木质家具打响了知名度。[32]

在 2015 年的连绵秋雨中，刚来到德国的难民们日日夜夜守候在柏林健康与福利局的大楼门口，等候的队伍看不到尽头。这时作为设计师的蒙策临时决定跟疲惫不堪的难民们一起用木材搭建一些非常小的住所，目的是帮助那些绝望的人，让他们能有一个安全的地方睡觉，让人们感觉到自己能够做点什么。“建造工作让人振奋，”蒙策说，“等待让人灰心丧气。”他还说：“我们不能一直等上十年，等到第一批难民营出现。”[33]

蒙策希望用自己的设计使自己的城市开放，他希望打通内与外之间的界限。蒙策与难民们在那几周里建造起来的是一种供睡觉用的木质小格子间，格子间带轮子，大小刚好能够装进车站的电梯里，这样就能带上地铁。起初，蒙策在这些迷你房子倾斜的房顶上用蓝色胶带贴出“福利局酒店”字样。蒙策说自己一直在思考一些问题，那就是谁能够获准进入某一个社会，谁是要出局的，谁能够过好日子，谁不能。这些问题一直萦绕在他的脑海中，所以这位柏林的设计师希望能够用这种临时房屋打开新的共居空间，并且这种打开不仅仅是象征意义上的。“福利局酒店”的想法后来在实施的过程中遇到了公共空间管理的各种问题，而带轮子的“迷你屋”就是从这个想法中衍生出来的结果之一。

从最近的距离拍摄大特写，蒙策直接盯着摄影镜头，这是来自汉堡的制片人莱因哈特・卡勒（Reinhard Kahl）拍摄的一部关于他的纪录片。摄影机离他的脸非常近，软软的胡子茬，棕色的眼睛，脸看上去依然带着稚气。卡勒曾在大约二十年前为蒙策拍摄过一部片子，当时蒙策 17 岁；现在他又在新纪录片《蜘蛛侠，福利家具与难民》（*Spider-Man*，*Hartz IV MÖbel und die Flücht linge*）中，用摄影机记录下蒙策的思想、生活和他的建筑。莱因哈特・卡勒影片的主人公都是一些能够在纹丝不变的生活中释放出让人意想不到的活力的人，这些人总能够在僵化中找到一些可以有所作为的开放空间。

因此卡勒才会用摄影机去观察建筑师蒙策如何在位于柏林动物园附近的包豪斯档案馆建造那些小房子，为期一年，既用作研究的目的，同时也是为了引起公众对“什么是最简房屋”的讨论。蒙策的回答已经体现在他的房子上，这种房子面积 6.4 平方米，内有浴室、水槽、堆肥式厕所，分上下两层，窗户很大，木头是浅色的，光照充足，很适合一个人居住。如果把两三栋这样的房子并排摆放，住一对伴侣或者一个家庭也不在话下，而且还可以有各种不同的组合方式。预计在 2019 年，这个想法将在柏林的住房规划中得以实施。[34] 租一个蒙策设计的类似的居住单元只需要花很少的钱，而且每个人都能拥有自己的私密空间。房屋的中间是公共区域，用于做饭、娱乐和工作。整个建筑一共三层高，大概能够容纳 72 个人居住。房租含暖气费在内为每套房子 100 欧元，其中还包括上网的费用。“灵活、民主、参与”，用蒙策自己的说法，这是为了给过热的房地产经济降降温。这才应该是未来的样子。

不过我们今天就已经可以参观这个未来了，就在包豪斯档案馆，动物园旁边。莱因哈特·卡勒的摄影机似乎在这些迷你的房屋中找到了无限的空间和距离，镜头走上楼，扫过楼上的床和置物架，穿过浴室，看了一眼厕所，又看看窗外，根本没有撞到任何东西。作家乔治·佩雷克（Georges Perec）说生活就是穿过一个空间又一个空间，并尽量不碰到任何地方，那么按照他的这种说法，恰恰在这样一个迷你屋里我们是可以生活得很好的。这个比喻在今天听起来或许已经有点陈词滥调，但是在这里，它非常精确地说出了事实真相。这个房子在呼吸，它也有保护膜，却又能够让各种外部刺激渗透进来。

一位住在夏洛特堡区的女士说起了自己的家，那是一套足有 240 平方米大的旧式公寓。她在代表未来的小木屋前停下脚步，很高兴地说：“这个看起来有点去物质化的意思。”说得不错，这位女士的说法也得到了莱因哈特·卡勒的赞同：要装下牢牢扎根在德国人家里、想将活人也物质化的成千上万件常见物品，这些小木屋的确是没有空间。那些东西得挪到其他地方去，生活在这里是通过打开自己产生意义，方式截然不同。人如果自愿生活在迷你屋里，并在有限的狭小空间里向他人敞开自我，那么这个屋子也就被去物质化了。这房子对于外界而言就像是一个大本营，展示了比邻而居的各种可能性。“这对于住在里面的人而言是一个狭小的空间，”蒙策说着，突然忍不住笑起来，“但是对人类而言却是一个广阔的空间。”

蒙策将房屋作为一种开放的社会设计，一种反设计：反对难民的无家可回，反对城市中无法承担的高昂房租，还有对生态与土地毫无责任感的占有和消耗。这个设计的魅力还不仅限于此，更为重要的是迷你屋代表了一种对美好生活的构想：这样的生活无需因为毫无保护而恐惧，有的只是坦诚的善意。既不是太靠近，又相隔不远：蒙策和自己的妻子、两个孩子住在 56 平方米大的房子里，他们是自愿的，不是被迫。群居与独居，开放与封闭，亲近与远离，既是临时的，也是长久的。在这种房屋结构中形成了不同于人们想要逃离的那种被迫的狭窄，人不是孤独的，而是生活在集体中。

自愿决定住在狭窄但能保证居住者相互间距离的地方，这种理念也深深影响了记者芭芭拉・诺特格尔（Barbara Nothegger）在维也纳与上百个人一起做的居住实验。[35] 我之所以想在这里讲讲这个居住实验，是因为它用了不同于迷你屋的方式，使那些希望与他人保持距离的人不必忍受被强加的过分靠近。在这个居住计划中，我们同样能够看到与扩大居住空间的潮流背道而驰的做法，在向公众介绍这个项目的时候，也将它定义为不同于不断加量做法的形式。身为房地产经济专家，芭芭拉・诺特格尔将自己的实验放置在富裕社会的大背景中，对这样一个社会中的成员来说，如果要他们对居住空间达成新的共识，能够重新理解或者构建这样的空间，那么就要给他们好的建议。不管人与人之间是熟悉还是陌生，相互靠近须出于自愿已经成为通行的看法，但要由国家将其变为现实，提供支持并进行引导。无论是国家还是其公民的利益，都要能够被人理解。

过去几年里，在维也纳进行的这个项目获得了诸多奖项。这是一种体现自愿共享理念的新型居住形式，以协会的形式进行管理，拥有 39 个居住单元的新建生态屋为百名租户提供住所，人均居住面积尽可能缩小。这里居住了大约 65 名成人，35 名儿童，其中包括诺特格尔一家四口。住户依照年龄、来历、性别、受教育程度、职业和收入分类，采用混住的原则。生态屋拥有 700 平方米的公共空间，350 平方米的商业空间，多个花园，还有食品合作社，车辆共用。从法律角度看，这是一个属于私人的共有建筑，里面的一切都是共同财产。这个项目享受维也纳州的住房补贴，住户来去自由。这是一个开放的空间，并不是给焦虑的中产阶级提供个人避难所的地方。

虽然这样的或者类似的居住实验数量众多，维也纳的这个居住计划几乎是在跟随眼下的潮流，但这个计划依然是常见中的不常见。多种多样的、自愿的比邻形式是新的历史发展趋势，从在线平台，到互助服务，以及目前在德国出现的大约 3000 个居住项目和集体住房，芭芭拉·诺特格尔的项目为这种趋势提供了百余人次的证明。[36] 维也纳在以公共福祉为目标进行居住空间规划方面走在了前面，这里大约 45% 的出租房是受到公共财政资助的，共计 22 万套。[37] 对于密集型共同居住的实验来说，这里是一个理想的地点。

芭芭拉·诺特格尔的讲述中最让人印象深刻的是她对实验背景的介绍：在她所描绘的社会中，密集、疏离和共居混合在一起，以一种新的形式呈现出来，或者说将会以合理的方式呈现出来。这一背景中包含了个体化的现代社会中存在的矛盾，保持距离的愿望与渴望亲近的愿望之间形成一股强大的张力。对于格奥尔格·齐美尔的学术研究来说，下面这个现象是非常有趣的：如果问奥地利的决策者，也就是那些生活富裕的人（就像奥地利环境与技术协会 2011 年做过的调查），虽然几乎所有人都表示愿意选择有机的、本地的食物，愿意使用可再生能源，也愿意交出自己的大部分收入，但是谈到限制居住面积的时候，53% 的人都表示拒绝。这些人虽然愿意改变，但是在住房问题上，他们的心态开放度是最低的。[38] 独家独栋、带花园的住房依然是 70% 的德国人理想的居住类型。

不过，如果我们把这一背景稍稍转个方向，那么从这些数据中还是能够看到非常惊人的改变的意愿，虽然不占绝对多数，但也已经有相当多的人正在远离战后住房面积和个人活动空间所形成的平衡。在瑞士，虽然抱怨“拥挤”的声音依然存在，但如今也已经有十分之一的家庭认为自己的家庭居住面积过大。[39] 特别是很多年纪较大的人，他们更愿意搬进比较小的空间中居住，只要有人能够支持他们这个想法。

这个话题已经引起了公众的关注，在一个正步入老龄化、个体化的社会中，对于居住条件的依赖将会极大地影响所有跟近与远、身体接触，以及与对接触的恐惧相关的事，对一切恐惧感和孤独感的影响也是一样。[40] 居住条件经常能够在不知不觉中使人的独处变成常态，造成房屋市场的模式化，因而无法再有新的发展。[41]

下面这段历史能够帮助我们更加看清现在的变化：1903 年，齐美尔提出个人挑战社会强权的愿望是现代生活中“深层次问题”产生的“根源”，当时男子的平均寿命大约是47岁，女子50岁。今天，平均寿命延长了超过 30 岁：男子增加到 78 岁，女子 83 岁。[42] 如果我们看一下对居住形式的看法如何随着年龄的增长而改变，就能看到独居这种形式中自愿与非自愿交织的情况：65 岁以上的公民中有五分之一认为自己的住房面积过大，这个人群的平均居住面积为 91 平方米。这个年龄组中有 12% 的人能够接受居住形式的改变，但是他们几乎都继续居住在现在的住所中，即便孩子们已经从家中搬走。在那些超过 90 岁的人当中，依然有超过三分之二的人住在自己家里。65 岁以上的德国人只有大约 7% 住在养老院或提供护理服务的公寓中。[43]

社会个体化的历史拉开了人与人之间的空间距离，但是却碰上了年龄问题：与子女居住在同一个地方的人数下降，因为年轻一代的移动范围在增加；那些能够有女儿照顾的人数字也在减少，因为妇女的就业率上升，并且移动范围也增加了。不管是什么样的原因，老年人独居的情况都在不断增加。

“老年人比其他年龄段的人更加容易受到伤害”，这是第七次联邦政府老龄报告中得出的结论，这个报告将“建立并稳固未来的生活群体”当做一个任务。我们应该为“归属感和参与感”创造机会，这样老年人就不会感到自己是多余的，而是能够获得“有形的赞赏”。[44] 对于一个强调个体性并正在进入老龄化的社会而言，这首先意味着对他人的关怀要更加专业，人的脆弱要得到专业性的尊重。当然，就算有专业的关怀和尊重，也无法减少人们对亲近的渴望。对于孤独感的研究强调只有人与人之间的关系能够克服孤独感，只靠专业的关怀是不够的。[45] 安德烈亚斯・克鲁泽（Andreas Kruse）在自己的著作中就强调说，那些只是作为他人关心的对象或是“被护理对象”的人会与外界脱离。我们需要的是成百上千万能自愿靠近他人的人。

如果从老龄化富裕社会这个角度看一下脆弱的人类的历史，那就会得出一个不是很牢靠的临时结论：现代社会向人承诺提供保护，社会的个体化非常强有力地保证了后现代时期流动的人与他人之间能够拥有非常大的空间距离，并且这种状态能够一直持续几十年，直到这些人进入老年。各种居住计划、城市规划和建筑设计都在努力开发较高密度的共居形式，这些形式既要能同时顾及距离和开放，也要能让人感觉到相互之间的关系。[46] 对有限度的靠近持开放态度的少数派人数虽然在增加，但是由于国家正在进入老龄化，时间很紧迫，恐惧感虎视眈眈。

在目前的情况下，下面这个事实就像是一个绝望的玩笑，或是一个富有戏剧性的误会：从 2012 年以来，联邦政府共资助可供几代人共同居住的房屋 450 栋，仅此而已。[47] 最新的护理调研报告中说“促进并保护护理的意愿”，这听上去行动的意愿也不是很强。[48] 虽然已经启程，但我们这艘邮轮只是缓慢地向前移动：据报道，德国只有 500 家提供综合护理服务的地方联合会，德国联邦及教育研究部只资助了一项反对护理中的暴力行为以及预防暴力的项目。人们焦急地在国外四处寻找有资质的护理人员，并表示可以承认他们的从业资格，还有一些资助城市建设的计划，或是对“专业劳动力短缺问题”展开的分析等等，但这些还远远不够。

尊重那些容易受到伤害的人，让害怕与世隔绝的人得到想要的身体接触，自愿做这些事的人是有限的。根据柏林德国经济研究所的估算，到 2050 年，德国将需要 150 万全职护理人员，数字比现在翻一番。在一个追求平等的欧洲，这样的社会现实也具有两面性：如果生活富裕的德国从周边国家找到了所需的专业劳动力，并且合法地雇佣他们，那么在这些邻国，例如波兰、保加利亚、乌克兰，就会有 150 万对年迈的父母亲被丢下，因为他们的孩子，多数情况下是他们的女儿正在远方照顾其他老人。不要太近，也不要太远，这就是一个有分寸感的社会？并非出于自愿的孤独不同于自愿保持的距离，如今，这个话题在欧洲的民主制国家，已经是能左右选举结果的了。

第四节　自愿和非自愿的孤独：单身社会

一个春日，天空明朗，度假的人无忧无虑。波罗的海乌泽多姆岛沙滩上正在举办文学日活动，这次的客人是哲学家彼得·斯劳特戴克（Peter Sloterdijk），他的新书即将出版。斯劳特戴克随口讲起一些事，说自己很喜欢晚上回到空荡荡的公寓时的感觉，除了自己，只有一盏亮着的灯。对在场的很多人来说，这是他们生活在富裕民主社会里的一种常见经验。这位哲学家说，空荡荡的公寓就像是上了年纪、不再会对你指责抱怨的女朋友。他出门的时候总是让灯亮着，等他回来的时候打开门，就会有一种有人盼着自己回来的感觉。其他人会去吃精神治疗药物，而他靠的是增加电费支出。[49]

那是 2016 年春天那段让人精神紧张的日子，2015 年来到德国的 86 万难民还滞留在体育馆或者集装箱这样的临时安置点，科隆跨年夜的事件使非法侵犯成为公共话题。在这种背景下，斯劳特戴克说的话突然再次引起了公众的兴趣：从这位哲学家的话中，我们能够听到一个热爱生活的单身者自愿选择独居后所享有的特权，或者说是一个岌岌可危的富裕单身者共和国的过去，或者也可以说是一个很快就要步入老年的男人的未来。这个人在碰到紧急状况需要帮助的时候，得按紧急呼救钮，才能指望有人过来。支出更多的电费，或者吃精神类药物——如果不想忍受非自愿的孤独和黑暗，那么这到现在依然是替代的形式。与他人分享空间时与其身体上的靠近，曾经在很长一段时间里被认为是无法避免、逃无可逃的，现在，富裕的后现代社会正尝试用电费来弥补。

波罗的海边的这场活动前不久，J. C. 尚多尔（J.C. Chandor）导演的一部影片展示了另外一种情况，让我们看到自愿单身的人如何将疏离人群进行到底并做到极致：好莱坞老戏骨罗伯特·雷德福（Robert Redford）在影片《一切尽失》（*All is Lost*）中饰演一个 77 岁的老人，他独自漂流在海上，海洋就是他的天地，天地中只有他一个人。雷德福是这部影片中唯一的人物，他彻底放弃了自己在社会中所拥有的一切，再没有人能接近他，他唯一能够触碰到的人就是他自己。而这次触碰是因为他要最后再给自己刮一次胡子，由于死期将至而进行的这种自我确认、自我修护和对自我的尊重形成了一幅定格画面。

剧本在这里让所有的未来都戛然而止：这个远离人群的人独自驾驶的小船被一个漂浮在海上的集装箱撞裂，在远离陆地的海洋上静静沉没。在高度工业化时代的一片荒凉的海洋上，所有绝望中的求助皆告失败。这是讽刺吗？船沉没的一幕暗示了米开朗琪罗在画作《上帝创造亚当》中所表现的那种集中在人类指尖上的敏锐感觉。[50] 驾驶帆船的水手在沉入海中时，向天空伸出手，我们并不知道（或许会在）上面的那只手是否会伸向他、靠近他并让他感知到。在这部影片中，触摸也是一个决定性因素。

现代社会中的这种保持距离的亲近意味着什么？什么是离群？什么是孤独？芝加哥大学社会神经学家约翰·卡乔波（John T. Cacioppo）带领的一个团队试图用实验的方式证明什么是孤独。[51] 数字化从大约 25 年前开始彻底改变我们的日常生活，这个由神经学家组成的小组试图搞清楚社会、心理和大脑，以及合群、危险因素和健康之间如何相互作用。他们观察到的结果跟这个研究小组得到的各种奖项名单几乎一样长。这项研究让我们看到现代社会中一幅令人不安的画面。[52] 这幅画具备心理图的所有特征，并能够变成完全不同的另外一幅画面：这个社会中的公民终于自由了，能够按照自己的意愿独自生活，并与他人保持距离，但事实上，很多人又并非出于自愿地陷入了孤独。

对于身为哺乳动物的人类而言，他人的亲近起初被理解为保护和帮助，卡乔波研究小组也强调了这一点，莱比锡的触觉研究专家马丁·格伦瓦尔德也证明了这一点，[53] 因此，他人的不在场被当成一种潜在危险。但是在那些感到孤独的人中情况却不太一样，有的时候甚至是相反的。

孤独感中隐含着格奥尔格·齐美尔所描述的那种“默默的反抗”：感到孤独的人，对于可能的社会威胁戒备心更强，他们会更胆小，对人更有敌意，并且精神也更紧张。这种人会始终保持警惕，对亲近他人的渴望也会更强烈，但是一旦他人靠近，他们又更容易感受到威胁。孤独是一种会自己放大的感觉：一个孤独的人很容易会感觉受到威胁，而且他会不由自主地将这一点传递给自己遇见的人，并因此阻止他人亲近。

此外，感到孤独的人会对所有潜在的威胁都更加关注，包括对自己的保护，而这对于他人来说也会成为希望保持距离的信号。这种态度造成的结果我们同样可以称之为物质化，这一点是有证据能够证明的：对孤独的人而言，来自物品的吸引力要比来自人的强。

下面这种感觉是具有决定性的：只有当希望在身边的人多过实际就在身边的人时，孤独感才会占据上风。愿望与现实之间的距离是决定性的，不过，我们所感受到的人际关系同样重要。在这一点上，神经学家卡乔波依据研究得出的结论与汉堡的女按摩师哈尔斯塔特用双手获得的经验同样肯定：他人的亲近只有在双方都能够开放地接纳对方时才会有积极的效果。那些将所谓好感物化，甚至是出于职业要求的亲切并不会减少人的孤独感。

是否感受到孤独并不取决于身旁有多少人，而是由人际关系的质量决定的。人不仅会在客观的孤立状态下感到孤独，在婚姻、家庭、协会或者朋友中间同样也会感到孤独。不仅如此，即便是同样一段人与人之间的关系，无论是兄弟姐妹间，还是伴侣之间，都既有可能让人感到威胁，也有可能让人愉悦，二者相互依存。身边的人从这个意义上讲也是会被伤害的。对于孤独感，包括孤独的所有后果和副作用而言，一个人是自愿还是被迫选择独自一人有根本性的区别。卡乔波团队的研究也表明：离群索居或者性格内向本身对于健康而言并不是危险因素，但是孤独感却会带来伤害，这种感觉会增加患病的风险和死亡率。那些感觉孤单，希望得到更多的亲近而不得的人免疫力会减弱，血压会升高，睡眠质量变差。总而言之，孤独是比超重更威胁身体健康的危险。[54]

不过，出于自愿选择的独居却可以体现齐美尔在1900年前后主张的行动自主，在百余年后，又体现为彼得·斯劳特戴克善良女友式的开着灯的公寓。[55]不过，每一个在年轻的时候选择独自过自由生活的人，如果一直保持这种生活方式，等他们老了，就可能变成非自愿的孤独。当然，也并不是一定会这样，并没有证据表明独居生活和孤独之间有什么必然的联系。但是根据卡乔波的调查，如今有四分之一的美国公民都经常感到孤独，如果只计算65岁以上的老年人，那么感到孤独的人就达到了几乎一半。[56]从这个角度看的话，罗伯特·雷德福的电影让我们看到这个男人选择离开了自己原本的生活，独自驾船航行，或许根本就不是想要再次验证自己的运动能力，或许这就是一个关于老年人的影片：老年人非自愿的孤独，以及由此造成的提前死亡。这就是一幅能够让我们看到不同内容的心理画，是我们亲身经历的划时代转变。

不管怎么样，这种现实造就了一些巧合：我在耶拿坐在书桌旁写到这一章末尾时，也就是2018年1月17日的16点15分，恰好新闻在说英国首相特蕾莎·梅宣布成立一个专门解决孤独问题的政府部门。带有讽刺意味的是，未来的孤独部部长克鲁奇此前一直担任的是负责体育和民间事务的国务秘书。不久后就有报道称德国政府也关注了这个话题。这不奇怪，因为老年选民的数字正在不断上升。

第五节 隔空的触摸：父母—显示屏—孩子

下面谈到的这位母亲是一位年近六十的学者，她是单亲妈妈，后来又成了孤身一人。她在波士顿给已经成年的女儿丽贝卡写了一封长信。写信时，女儿正在从两人的家中搬走。这封信讲到了数字维系的人际关系中的独处，原信大概有 360 页。几年前，这封信正式出版，名为《群体性孤独》，作者是社会心理学家雪莉·特克尔。书一经出版，就引起很大关注。特克尔是麻省理工学院的教授，她研究的是数字技术、社会交际和人的心理之间的关系。在研究过程中，她的女儿丽贝卡渐渐长大成人。[57] 雪莉·特克尔的书几十年来一直影响着关于数字化的各种讨论，现在，我们可以从她的书中看到一个自己珍爱的人如何从伸手可及的近处搬去只有数字技术可及的远方。

母亲和女儿，身体上的亲近和距离上的遥远，爱与智能手机：社会上现在很流行讨论智能设备对于日常生活的主宰力，但是，我们不能够忘记这个数字时代中那些有血有肉的人，还有这些人的故事。这些人的力量也是不可忽视的。如果在母亲们中间做一个关于日常生活的测试，那么很容易就能得出结论：只要自己孩子的留言还能在智能手机上伴着闪光出现，不管是从玻利维亚、柏林的有轨电车上还是马拉喀什，就说明她们还没有因为孩子的离开变成塑料人，她们依然是这些孩子的母亲，她们几十年前怀胎生下这些孩子，给他们喂奶、唱摇篮曲，用面条喂饱并不断抚摸他们，还要处理他们的上吐下泻、烫伤的水泡、哮喘、身体上的伤口与疹子。孩子的留言对母亲来说是完全不同的另外一种亲近，就像当年海涅在巴黎看到断臂维纳斯，仿佛听到维纳斯在对自己说："你难道没有看到我没有胳膊吗？所以不能帮忙。"[58]无疑，显示屏是不可能替代人类的皮肤的，这个表面摸上去光滑冰冷的东西，是有生命与无生命的折中。但是，这个显示屏又跨越空间距离创造出一种近，而且这种近对于设备使用者来说无疑是会产生心理影响的。这是什么样的影响？

一本关于血肉之躯的书想写数字世界中的人是不太容易的。说些老调重弹的话：这些人不会流血，不会吮吸、咀嚼或者吞咽，既没有嘴唇，也没有手，没有心跳，没有血压，不会起风疹，他们不会唱歌、拉小提琴或者流汗，不会微笑、咬牙切齿、咳嗽或者颤抖，既不会脸红，也不会脸色苍白，而且不会死。这样的差异是无法视而不见的。那么，这本书究竟为什么要写这么一个人？原因既简单，也很复杂：因为远距离的触摸也能给人触动，因为这种触摸与直接的身体接触相比会产生不同的效果，也因为这种触摸会替代、改变或者阻止某些效果的出现。

2014 年圣诞节前夕，一个刮着寒风的冬日，14 名哲学家、医生和精神分析学家聚集在柏林国际精神分析大学，参加由哲学家马蒂亚斯·凯特纳（Matthias Kettner）组织的研讨会，讨论我们上面所说的这些新的现象。社会心理学家维拉·金（Vera King）也在场。每一个参会的人都在不断接触数字世界，每一个人都在网上跟孩子见面、跟人约时间、订火车票、约会、看德甲实时战况，但是所有基础研究时间都还不长，所有的一切都在发展变化之中——你能否记得就在大约四年前，那个时候是什么样的情况？当时事情发展到什么状态？

这一群人用了一整天的时间交流自己的研究成果和治疗经验，他们对新的数字世界是持开放态度的，并没有说些腐朽的陈词滥调。一位女哲学家还开心地向大家透露，有朝一日她宁可被机器人照顾，也不愿意护理自己的是一个情绪烦躁的人。但是，参与讨论的人的意见还是很统一的：虽然现在已经产生了一种新的亲近形式，而且数字治疗也已经越来越普遍，但人际关系有一个特别之处是用数字无法模拟的。[59] 这些专家们或多或少也是抱着这样的观点来参加会议的，那就是一位好的医生还是希望能够看到一个活生生的人出现在自己面前，以便弄清这个人所患的疾病；同时，治疗或者精神分析也需要病人能够自己在场，需要对方的声音、脸庞，没有这样直接接触他人的经验，就几乎不可能建立人际关系。其中最根本的一个特征就是：这种关系是有生命的。[60]

但是，参加了这次研讨会的大多数人都认为，对于数字世界的依赖会使得人们更加想要去掌控那些并不拥有的，或是克服与他人关系中的阻力。网络电话让我们看到的只是一张脸的表面，短信会引起必须回复的强迫感，这样一来，在数字世界中，我们就很容易打消自己对他人的兴趣，因为害怕会被可能出现的某种现实威胁。现实总是显得虚无，不完美，让人害怕，毛骨悚然。使用电子设备的人在抵御“生活令人恐惧的一面”时，时常感到无助，这让人不快。对数字设备的依赖或许能够减轻人类对孤独或者死亡深深的恐惧感，但是这种依赖同时也会减少移情的能力，使人习惯于身体接触的缺失、离群索居的强大影响力以及对虚拟生活的偏爱。这种依赖会加强人的自恋、以自我为中心的生活方式和对自我的美化。这条理想化的道路最终只有一个目标：自我。这差不多就是四年前的整体状况。

2015 年夏，当时还在汉堡做大学教授的维拉·金向我介绍了自己的研究。她研究的是数字世界中的儿童成长问题。金教授说：[61]由于数字手段可以把远变成近，体验——作为生命体的核心——也会随之改变特性，与他人的相处方式也会改变。目前我们对于母亲和孩子长时间分离并通过网络电话进行交流会产生的影响了解还不多，不过孩子至少能够知道，用这样的方式可以让远方的母亲来到自己身边，但是孩子同时也会了解到这种“在身边”是有限的。从那些试图在屏幕上拥抱父母的小孩子身上，我们可以看到这种交流方式是多么令人沮丧。青少年对于数字设备创造出的亲近也会有两种体验：一方面享受总有人陪伴的感觉，从他人通过数字设备传递过来的各种回应感知自我，但另一方面，他们也在抱怨缺少生动的交流。

这位社会心理学家当时得出的结论是：数字化的或者真实的遥远并不简单地意味着损失或者收获，不管是对年轻人还是老年人都是一样。远方的那个人可以让人感到身体上的亲近和活力，同时也可以通过数字手段引起强烈的感受。主要的后果是，亲近和距离的含义发生了变化，例如在孩子与父母分离的过程中所展现的。未成年人待在家里也能了解远方，在虚拟空间里结识新的人，这会让他们心中对分离和联系、失去和拥有产生新的理解。大概就是这样，她目前还没法讲得更加具体。

2018 年初，从金教授得出这个结论起已经过去了差不多三年，今天我们的所知是否更多一些？或者有了新的发现？我又找到了维拉·金，她现在已经转到法兰克福的歌德大学教书，是弗洛伊德学院的院长。我想知道金教授目前的研究结果有没有什么变化。我这个问题问得正是时候，她正好在写一篇文章，来总结她在对一些青少年进行了访谈之后得出的最新结论。她开始讲起自己的新发现，她主要关注到的是改变的速度和程度。下面就是经过浓缩提炼的谈话内容：

> 一些大规模的、具有代表性的研究（例如2015年的JIM研究[①]）表明，十八九岁的青少年平均每天上网的时间超过4个小时，我们从访谈中能够看出，很多受访者已经无法清楚地区分线上与线下，因为在他们的主观感受中，自己几乎永远是在线上的。线上状态成为他们的内心世界：青少年如今已经将智能手机看作自己的一部分。这一点大家早已经意识到了。但是今天我们注意到，通过数字工具与他人保持不断的、身体也能感知的联系，极大地改变了外部世界与内部世界之间的关系，二者之间的界限也被模糊了。青少年对自己进行预处理的性质改变了。他们维护自我形象的时候，就像每天重新估算利润率的企业家一样缜密。不断有新的"产品"需要尝试和评估，这个产品就是他们自己的形象。他们觉得不断晒照片是一项艰苦的工作，很多人在接受访谈的时候强调了修图对于引起他人关注的重要性，这个过程伴随着对失去地位和丢脸的恐惧。不断的修饰和改变支撑着他们的焦虑，而真实的面貌是什么样没

---

① JIM研究（Jugend，Information，Medien study），由德国苏德韦斯特网络教育研究机构（Medienpädagogische Forschungsverbund Südwest）发起的研究项目，旨在调查、研究德国年轻人的媒体使用情况。

有人想知道。一个女孩告诉我们说：如果你让别人看了你真实的脸，那就会丢掉 10000 个关注。基本上看来，青少年在线上引起的关注越多，对那些真实存在于身边的人关注得就会越少，与这些人打交道的方式也会改变。从这个意义上讲，分散的注意力是不完整的注意力：如果母亲的兴趣和她眼中的光芒始终都是给了智能手机，那么就会产生一种特殊的三角关系：孩子与手机争夺母亲的注意力，或是跟母亲争夺那个被欲望控制的手机，或者说隐藏在手机里的那些东西……[62]

但是触觉研究专家马丁·格伦瓦尔德说，只有通过拥有另外一个身体的他者的触摸和真实在场，我们才能确定自己的存在，那么对于那些基本生活在网络中的人，这个他者会怎么样？他会被遗忘吗？金教授沉吟不答，或许她从这个问题中听出了太多的文化悲观主义。维拉·金并不赞同所谓的“堕落说”。沉吟了一会儿之后她说：当然，小孩子是需要父母亲的亲身陪伴的，但研究表明，双方之间关系的质量才是决定一切的因素。如果孩子发觉母亲虽然人在，但是心却飘在其他地方，这种由数字化造成的心不在焉其实类似于情绪沮丧的母亲所表现出来的心不在焉，后者我们都熟悉，并且也是广泛存在的。但是一个人究竟需要多少能够感知到的、不三心二意的亲近呢？电话那头传来金教授响亮的笑声：“这可是个能得终极大奖的问题。”这当然没法有一个统一的回答。

那么这些研究的结果难道不会让人感到忧虑吗？金教授说的确有一些巨大的变化让人感到忧虑，特别是越来越常用、数量增长迅速的社交媒体，以及这些产品使人依赖数字世界的强大力量。它们会使人养成一些习惯，真实的人是否在身旁变得不再重要，取而代之的是网络中大量存在的，或许会更好的他者。理想从来不出现在我们所在的地方，它总是在其他地方，真实存在的人相对就显得并不完美，总是会有缺点。或许有些独特，但绝不是独一无二。跟别人不一样，比别人更好，不断追求改变：这就是网络的驱动力和魅力。

而且不光是网络，现在网络能够做到的，市场更是如此，而且早已轻车熟路，那就是推销并嘉奖更好的产品。更多、更快、更漂亮、更强、更好，“处在加速中的现代社会”表现出强迫症似的生机，[63]这就是我们接下来要谈的问题。

第四章

被驱逐的自我

第一节　劳动力市场中的身体

能够被触碰也不是一件简单的事，人总得先是值得被触碰的才可以。熟谙这个原则，并能够将一切都做得很好的人，就能够努力使与自己身体相关的事情变得能够掌控和合理，并且能够得到最好的结果，以避免惹人反感的东西靠近自己。为了能够关上门，远离那些意外事件的发生，人们可以付出金钱，或借助各种各样的服务。掌控与他人距离的远近，决定什么样的靠近是可以的，并进行规约，这些都会消耗精力，对物质资料也是一种消耗，而物质资料的分配是不均衡的。每个人都在努力使自己成为有价值的人，而且我们也愿意这样做，因为担心不这样做就会错失塑造理想的自我的机会。[1]

下面我就想试着来描述一下生活在后现代社会中的自我[2]：我需要先粗粗地勾勒出这个人的模样，前提是这个人得能够安静地坐下来一会儿，让我画他。但是他根本不会安静地坐着，因为他不断有急着要做的事，也因为他认为自己现在的样子还不够完美，必须要让这个自己变得更值得一画。这种想法从 250 年前，就已经随着欧洲启蒙思想对个体独特性的强调开始了。每一个人都是独立的（偏浪漫派的观点），所有人都是独一无二的（偏启蒙派的观点），从一开始，这就是一个很有分歧的社会话题。[3]但是今天，后现代的影子无处不在。如今的国际市场控制了所有行为和每一个角落，正是这样一个市场决定着世界上什么样的身体是有价值的资本，什么样的人是多余而无用的。

有价值，在今天的社会条件下代表的意思是：作为资本的身体应该具有无可比拟的真实感，寻找真实自我与自我完善之间原本存在的无法逾越的障碍不应再继续，只有通过自己的努力，才能使自我变成真实的自我。就像是健身连锁店 McFit 的那句口号一样。拥有 140 万顾客的 McFit，他们的广告牌上写的是“让你自己变得真实”，“每个目标都有实现的道路。走你自己的路”。在这里，所有的项目都是可以用钱买来的商品，真实的自我可以通过有优惠价的健身活动来塑造，优惠价可以通过提前预订获得。[4]健身房广告上的脸和身体都平滑得像显示屏的表面，平整到可以被抹掉。能够被理想化的手接触到的只有毛巾或者健身器械，而这就是今天社会的发展状况，源自欧洲实现现代转型的梦想。这个梦开始的时候，内容还曾经是不受残忍和强迫行为的侵害，使人具有独特性，使人不被伤害。

不久前，苏黎世的火车总站挂出一张大海报，上面就正好讲到了事情的关键点。这是苏黎世一家美容医院的广告：“我的东西。我的事。”广告上是一个穿着连帽毛衣、戴着宽边软呢男帽的年轻女人，宣传的是胸部美容手术，所需费用大约一万瑞士法郎。[5]“我的东西”：她的胸。“我的事”：将自我作为物化的对象。[6]不远处还有这家医院的另外一张海报：“这是为了我自己。”——为了我自己！不是为了别人！好像最关键的就是要打消怀疑，强调这里面并不存在另外一种追求，女人让自己成为改装工程的对象，并不非得是因为另外的某个人。[7]

人会成为自己改造的对象并不奇怪：改造身体是为了能够在劳动力市场上获得一席之地，同时确保在他人的追求中拥有竞争力，以便在各种竞争中（不管竞争的结果会是什么）都能占得上风（不管这个上风意味着什么）。自我改造的形式数不胜数，而且不管什么形式，都是要花钱的。每种形式对身体的干预程度不同，或是利用安非他命这样的精神类药物，或是通过按摩这一类的服务，或是交 15 欧元去参加在私密环境中举行的拥抱派对，或是用激光溶脂术去除双下巴，还有乳晕缩小术[8]。或者还有些更间接的方法，例如买一辆新的比赛用自行车，再加上配套的赛车服。各种整形医院、按摩院、康体中心、健身房、美容院越来越多，自我完善的形式花样百出。几乎到处都有美甲店，这些美化敏感指尖的地方像雨后春笋一样冒出来。不久之前，我们没有这样的地方也一样可以生活，但现在显然不行了。

所有这些行业都在繁荣发展。[9] 2016 年，专业医生记录的整形外科手术比上一年增加了 10%，脸部微整形手术增加了 20%。[10] 仅 2012 年，德国人用在康体和健康产品及服务上的钱就达到了约 1050 亿欧元。[11] 在这里，我们还没有计算那些已经成为我们身体一部分的智能手机，对于观看、传递和评价各种自拍中的那个自我来说，这些手机是必不可少的。如果我们再将生产智能手机所用的资源算进去，所有那些呈现增长的行业真可以称得上是不计成本。[12] 对身体的投资应该物有所值，身体就是工具，从中我们能够看出一个人在竞争评价中能够占据什么样的位置，看出人是怎样的个体，如何的与众不同。甚至饿肚子这件事，如果掏了足够多的钱，那也能找到专业的地方：提供禁食治疗的医院能让人吃得越来越少。在吃饭这件事上，人们同样也辛辛苦苦地开辟道路，寻找饮食或者禁止进食的方法。

所有这些努力都有一个共同点，那就是它们都源自一个理念：残疾、丑陋、某方面能力的不足、无助、不被人关注或是并非出于自愿的引人注意，等等，这些问题都是可以避免的，或者至少可以改善。人会受到伤害？这有办法改变，只要是漏洞都可以弥补，哪怕是通过有限度地接受对自己的伤害，或是让别人伤害自己。举一个最新的整形外科手术的例子：通过手术可以让阴唇尽可能锁紧，只留下一条细缝，现在流行这个。[13]

构成身体的一切都可以在（国际）市场上买卖。[14]原则上，身体的一切都可以转换成某个应用软件的语言，成为对自我进行数字化评价和衡量的对象，这是一种被迫的自愿，可以通过握在自己手中、已经像是身体一部分的智能手机来完成。[15]帕金森的风险可以通过手机应用来测算，借助离心机和传感器，手机应用可以完成精子质量的检测，[16]没有什么活动是不能变成钱的，一切都可以被测试是否能成为劳动力市场上的资本：眼神、话语、触摸、声音，还有那些稍微有些价值，能提高人在日常经济生活中的价值的身体动作。这些动作被当做“关注、兴奋或者好感”的标志，借用性学专家西古希的话：“如果不能形成这种工作机制，超级现代人会认为是自己的错，而不会去怪罪体制。”[17]在这种模式之下，人是不可以有弱点的，不能够表现出脆弱甚或无助。

如果一个人满心想的就是摆脱这种劳动模式，不想使自己成为极具市场价值的超级人才呢？哪怕只是一小会儿？很多证据表明，现在人们逃离的愿望越来越强烈。[18] 只不过这种愿望恰好也是一种思想活动，而且没有一种思想活动是不具备市场潜力的，没有不被人看到的想法，包括逃离的愿望。喜欢雪地吗？是的！但是也许并不喜欢手脚冻得冰凉？是痛苦万分还是贻笑大方，那要看商品价值从什么地方瓦解人们对于不能买卖之物的渴望。[19] 我们去滑雪的地方，是为了那里的自然、空气、阳光、雪，还有运动和驻足。这时突然有人兜售自发热的手套和袜子，[20] 这些东西就好像在说：我们看着你们呢！给自己来一套舒适的感觉！您有没有感觉到这种舒适，感到有东西能让您舒适，感觉到您是有感觉的！[21] 人总是得感觉点什么无与伦比的东西，否则就要死了。于是，猫鼠游戏又重新开始，在雪地里也不例外。

围绕自我的角力就这样通过各种途径展开，而自我也尽其所能地参与这场让人窒息的角力。身体从法律、政治和日常生活方面获得了多种形式的保护，相互之间拉开了距离，并且可以避免非自愿的接触。但是现在，它却以另外一种方式被触碰，甚至包括最隐私的部位，并成为后现代为了追求极致的自我完善进行观察和评价的对象。追求无与伦比的真实自我的愿望越是具有约束力，越是强烈，追求的方式就越是快速而粗略，跟数字化一样，不计代价，总是追求新，追求最适合，而且速度越来越快，程度越来越深，直到进入后现代的今天。自我从早到晚不停地问自己：我在为什么而努力？哪些工作是值得我做的？哪些享受是我喜欢的？我希望适合谁，适合什么？是现在，还是一年，或者永远？今天晚上穿什么，要不现在就试穿一下？

速度本身也成为可以买卖的诱人商品。美国社会学家朱丽叶·斯格尔（Juliet Schor）在自己的研究中用丰富的资料证明，现在我们购买的恰恰就是一种短暂性，例如时装公司限时销售的衣服，几天后马上就撤下换新。[22] 速度如闪电般的网络购物和价格低廉的商品更加强了这种短暂性。为了能够接近目标，我们不停地买，深深迷上了自我形象的不断变化。这样的变化似乎在告诉我们：没关系，我马上就能改头换面，继续买就是了。[23]

我们能看到很多正在被改变的脸，加点颜色，再来些玻尿酸，颧骨也再修一修。处在不断变化中的自我似乎正在对所有人说："稍等，马上我就让你们看看我真实的样子，看看我的另外一种样子，看看我会变成什么样子，肯定……或许……"我们做这些无非是为了那个独一无二的自己，每一份求职资料中也包含这样的一张照片，上面的人都在力求独一无二，好让雇主能够签下合同。因为他需要我，只需要我，需要的就是我。希望如此。

自我的不断贬值是我们为了不断提升自我价值而付出的代价，我们越来越无法淡定地评价自己的身体，不管再怎样努力，依然会因为自己的弱点而越来越不安。其他人会不会利用这一点，把我们挤出市场？哲学家西奥多·W. 阿多诺（Theodor W. Adorno）所说的保持软弱、不激发力量是一种乌托邦，对于脆弱的人类而言，那是一种理想。更现实的情况是那个可怜的我只能不断地追逐、追逐。

第二节　如果身体接触也用算法优化：科林的《品质乐园》

我们就没有摆脱这种状况的可能吗？办法也许是有的。在很多地方，我们都能够看到对这种强迫症似的将自己包装成极具市场价值的佼佼者行为的抵制，比如在哲学、社会学、实际应用、艺术等方面，并且这些抵制行为也提出了一些主张，例如：只有那些能够允许人接触、会受到伤害、脆弱和不完美的人才是能够亲近的。[24] 只有那些能够被亲近的人，能够爱，并且跟恐惧、欲望、羞耻心和愤怒等感情抗争的人才是真正存在的，才是活生生的人，他们会抵制顺应市场价值的行为。我现在要讲的就是这些反向的思潮，至少是讲讲其中的三个：柏林作家、小众艺术家马克·乌维·科林（Marc Uwe Kling）的艺术创作，海德堡医学家托马斯·福克斯（Thomas Fuchs）的哲学思想，以及耶拿的社会学家哈特穆特·洛萨（Hartmut Rosa）的共鸣论。下面我一个一个来说。

先来讲讲艺术这种美丽的虚构物，我选择了一个受众很多的例子：一个名叫彼得的不完美的艺术人物就在实现这样的反抗。彼得是马克·乌维·科林反乌托邦小说《品质乐园》（*Qualityland*）中的主人公。这本书的读者群之大很具有典型性，而且读者都很年轻。[25] 这就像是一个资本主义的非自愿反潮流运动，不管是用看还是听的方式，是在网上还是在俱乐部里，因为《品质乐园》是通过各种形式的媒体和组织在传播——线上和线下，各种形式，就像是科林之前的《袋鼠》三部曲一样。科林世界里的居民超过了一百万位读者，这也是我为什么要在这里讲一讲他的原因，一百万读者还是很多的。

小说的核心内容是对一个脆弱生物的争夺。主人公彼得出于同情拯救了一些已经受损的机器。这些机器敏感，能够被触摸，并且有人的特征，总之并不是一堆电子废物。彼得继承了一台家用废品压块机，这台机器就放在他陈旧公寓的走廊上。彼得就像是现代版的反抗哥利亚的大卫，他把本来应该用压块机销毁的那些已经损坏、被认为毫无价值的东西统统拖进了地下室。被拯救的这些东西设计都很别致，非常可爱，它们就好像是要让帝国的科技愿景重新恢复理智一样。于是，彼得的地下室里秘密地生活着一群幸存下来的残损物件，它们亲密无间，耳鬓厮磨，在狭窄的空间里用后现代的方式团结在一起，百无聊赖，但是相互之间很友好。这些生活在地下隐秘处的居民里有患了飞行恐惧症的无人机、无法勃起的性用品、有整理困难症的吸尘器、有功能障碍但会作诗的声控个人助手，都是一些毫无市场价值的废品。

拥有光滑表面的地上世界则跟这个生机勃勃的地下世界完全不同。[26] 地上的一切都是正常的，这里的一句超级口号就是“欢迎来到未来，这里一切运转顺畅”。“品质乐园”的美丽新世界被各种算法优化，一个名叫“The Shop”的垄断集团是“全世界最受欢迎的网购商城”，同时也是唯一的一家。负责派送商品的是兴高采烈的无人机，派送服务根本不需要专门去订，而且不休息，一天二十四小时，一周七天，不分昼夜。同时进行的还有一场竞选，这是政治权力的角逐，竞选总统的是安卓机器人“我们的约翰”，他的竞争对手是食品垄断集团的所有者科赫。

“品质乐园”中的一切都像电子显示屏一样光滑。小说使用的叙事句型也非常简单，每个句子都包含一个信息，或者一句妙语，节奏极快，毫不煽情，风格硬朗。从这些句子中，我们能够清楚地看到科林非常擅长的原创诗歌朗诵赛风格。

触摸屏上不断出现“请您评价我”或者“无法理解输入的内容”这样的显示，所有的行为都在应用程序中被评价。根据在劳动力市场上的价值或者性能力，每个人都会自动地被提升或者降低若干级别，剩下的都由一个“优质伴侣”应用来完成。人不是想得到触碰就可以得到的，必须得先具备值得被人触碰的理由，这还只是后现代各种应对规则的第一部分。第二部分说的是并非想碰谁就能碰谁，必须先获得这样的权利。不过，由于做决定的并非是会被触碰的人自己，而且这个过程同样被算法优化了，所以在两个部分同时作用的时候，就会在这个品质世界中形成一个受到强势规约的超级结果。我们似乎只能做这样的推导：两个人之间要发生性行为的话，最好也先签上一个详细的性合同——假如还有人对这样的事感兴趣的话。

在这部反乌托邦的史诗中，受到合约保护意味着比安全套还要更安全，因为安全套只不过是阻止了身体分泌的某种液体，但是不能够阻止更广泛意义上的那些无法控制的事。“优质伴侣”用数字化的形式为彼得找到了一个理想的伴侣，这个女人按照应用软件“优质性交”的建议将一份标准合同交给彼得。彼得大声念起这份合同，其中的规定包括权利的转让、附加权利、拍照和复制照片的权利、预防受伤或感染的保险。彼得发现这份合同有上百页，这真是“世界上最荒诞的性”[27]。完全的法律规约取代了他人的位置，并且唤起人的欲望：读合同让那个女人兴奋，她开始自慰，否则还会是跟谁呢："我相信自己。"[28]将人与人之间的身体接触通过法律进行合理化，特别是存在其中的自我中心，这实际上就是一种市场化。

与此同时，主人公的手触摸的只是那份合同。后来，彼得念到了第5条"后果产生的费用"，在里面看到了"怀孕"这个词，他很高兴制定法律的人至少没有把这一条列在"疾病"之下。在这个完全数字化的资本社会中，所有生命体都被转化成某种价值，一切都只是为了控制和优化，发生的任何事情，医疗保险都了如指掌：优质平板电脑在性行为发生的时候始终在进行着评估，如果到达性高潮，那就能从医疗保险那里获得优质健康积分，因为性对健康有利，所以彼得的性能力也得接受评估。彼得受不了这些，他将合同放下，站起身，套上丝袜，至少摸自己的袜子是不需要遵守什么规定的。"我想，我要回家去仔细思考一下自己的人生。"[29]

科林在这部《品质乐园》中，用极其荒诞的方式使性受到僵化行政和协调原则的规约，而类似的内容在吸引了上百万读者的小说三部曲《五十度灰》中也曾经出现过。但是《品质乐园》指出这种规约是一种想象中的操控方式，表面上看是要提供保护，实际上却使有生命的、脆弱的人消失。小说非常巧妙地浓缩了各种不同的母题，例如用袜子这个意象来总结现代人身体的特点。在这里，《品质乐园》将一些基本的发展趋势杂糅在一起，身体既受到法律保护，同时也会被优化后投入市场；人有相互触摸的欲望，同时也有各种电子技术避免人与人之间的直接接触。

科林用丝袜这个意象将一些行为极度夸张：《品质乐园》里的男人在数字化的电子性交时需要将丝袜套在勃起的阴茎上。但是彼得更喜欢把丝袜套在自己的脚上，并不在乎这个行为会使自己的等级升高还是降低，这就是对持续不断的增值与法律规约的反抗。不过对于脚而言这并不是可有可无的：袜子能够保护裸露的脚。围绕身体的各种矛盾在彼得的丝袜上表现得淋漓尽致，悲剧的特征在这些矛盾中也毫无保留地展开。这些矛盾是可笑的，甚至是滑稽的。[30]

我们究竟如何才能够逃开《品质乐园》中完全数字化的资本社会对价值的追求呢？不论是什么，不论是谁，都无法逃开市场的力量：彼得争取退货权的悲壮斗争是徒劳的，虽然这种徒劳在科林笔下保有自己的尊严。而这种戏剧性的事件以荒谬的尖锐提出或者至少暗示应该有抵抗的自由。会受到伤害的才是能够被接近的，在一片晦暗中，现代社会的主旋律展示了自己比较好的一面，让我们看到了另外一种可能性。说得更确切一些，就是从这个地方，我们才看到现代社会在各种协议和市场之外的另一面。

马克·乌维·科林对此非常熟悉：[31]在这里首先是朋友之间的关系，这种关系在彼得的地下室里以所有废旧物品组成的小社会出现，这些完全没有市场价值的东西为了帮助彼得对抗独裁政权挺身而出。[32]其次是人与人之间的爱情和亲密关系，这种关系因偶然开始，完全无法计划，并且会很聪明地在密集的监视中找到空间，为的是世界上任何应用软件都无法测量的情感和相互触碰。最后就是自古以来任何密林中都会存在的林间空地，这是一块具有原始浪漫主义色彩的反潮流地，任何的权力都会在这里终止，那是远离世事的永恒一刻。在一部语言艺术品中，诗学形式的反抗是必不可少的，隐喻和声音的游戏拯救了原本会被淹没的一切。

在这个品质乐园里，K这个字母重新构建、组合了世界。在这个世界里，一切都相互协调一致，无论是多么珍贵与无价的，所有的一切都是自由的表现形式，比如袋鼠（Känguru）、语音控制个人助理卡里奥佩（Kalliope）、卡夫卡（Kafka），又或者科林（Kling）、艺术（Kunst）、声响（Klang）、地下室（Keller）。所有这些主题意象相互交织，仿佛要成为一篇“反文本”。字母 K 原本就隐含在“声响、艺术家、科林”这些词中。在《品质乐园》里，我们尤其要关注的一个人物是彼得的爱人琪琪（Kiki），因为她的名字里同时有两个上面所说的关键性字母 K，就像在“小众艺术家”（Kleinkünstler）或者“卡夫卡”中。

能够爱他人、会受到伤害、好斗，这些特性不论对于市场还是权力都具有不可预测性，琪琪这个人物的这些特性在冰冷集权的品质体系中代表了另外一种可能性：她神出鬼没，会去触碰他人，也愿意被他人触碰，会受到伤害，会躲避，能够被人亲近。任何强迫症式的控制对她都无能为力，她保持着自己作为一个真实他者的性质，从显示屏的世界中消失，成为显示屏功能的障碍，然后又再次出现。她自行其是，在绝对的控制之下，代表着一种意外。简而言之，琪琪与彼得的同情一样，是有生命的，而两者都是无法用金钱买来的。

我们并不知道伟大的小众艺术家马克·乌维·科林作为博览群书的读者、接受过专业教育的哲学家，在他虚构出彼得和琪琪这样的人物之前，是否曾看过心理学家、医生托马斯·福克斯的哲学著作或是社会学家哈特穆特·洛萨的著述。但我们的确注意到，科林笔下的虚构人物似乎正是在回答福克斯和洛萨最新著作里提出的一系列问题。这些问题思考的是在后现代社会中，活着以及能够被人触碰意味着什么。正因如此，我才要在这里讲到这两个人。

第三节　具身的自由：身体和躯体的二重性

在不久前的一次医学大会上，忙碌不堪的数字顾问克里斯托弗·博恩沙因（Christoph Bornschein）被问到像他这样被各种应用软件包围的人，是否还会去看医生，他回答说："会，每年去接受一次全面检查。"对于一切依赖应用软件的人来说，这大概就像是一种个人的滑铁卢，但是我却从博恩沙因的回答中听出了另外一种信息，这位数字化顾问显然已经很久没有受到过意外伤害了。让我们先尝试着慢慢靠近关于生命体的那些哲学思考。

如果有人因为没有穿能够保护脚的鞋子，结果被开裂地板上的一根木刺深深扎进脚底，那这个人肯定是让急诊医生看自己受伤的脚，而不是依赖智能手机上的某个疼痛跟踪程序。如果这个人看到医生如何给那只受伤的脚打麻醉针，以便将疼痛控制在能够忍受的范围之内，随后用手术刀切开扎刺的地方，并在手术后缝合伤口，这个过程中的不舒服也不是用疼痛评估软件能够解决的。对于有血有肉的生物而言，一切疼痛都取决于他者是否滥用权力伤害别人。疼痛就是疼痛，它让我们清楚地认识到："我们是这个世界上真实存在的生命体，这并不是我们自己的幻觉。"[33]对于数字世界中的生物而言，其身体的消失是有限度的。托马斯·福克斯说，身体的疼痛让我们能够感知到那个有生命、有身体的自我，他用的也是给医生看受伤的脚这个例子。[34]

生活在海德堡的医生、哲学家、心理学家托马斯·福克斯几十年来的研究对象就是现代社会中的身体。对于市场和虚拟世界对身体各种形式的物化，他从学术研究以及治疗的角度进行抵制：反对市场，是因为它将身体上的一切都变成了商品；反对虚拟世界，则是因为它将有生命的他者变成了没有身体的存在。托马斯·福克斯著作的核心是一个活生生的人，这个人能够与他者保持能够感知的关系，并且这个他者是有躯体（Leib）和身体（Körper）的，这里对躯体和身体的区分十分重要。福克斯的这一思想来自于社会学家赫尔穆特·普莱斯纳。普莱斯纳曾说过："一个人同时也是一个躯体，并且以拥有身体的形式拥有这个躯体。"[35]存在与拥有，这二者总是同时存在的：人在其中起着关键性的建构作用，即便在现代化的进程当中，人已经几乎忘记了自己的躯体，并且笃定地认为自己只有身体，而这个身体是可以被修改到完美的。[36]

对于现代社会的工作模式而言，拥有、占据、提供、评价以及控制的组合非常理想：一个人能够拥有的——以身体作为拥有的对象——都能够被当做修改及塑造的对象。这个人能将身体变成资源并加以利用，也能将其修改成为一种类似商品的东西，受到法律的保护，并且具备很好的市场竞争力："我之存在即为我所有。"[37]我有什么，就作为什么存在。牢牢掌控，被各种应用软件指挥、看管、喂养、庇护，《品质乐园》中对所有身体软件的商品化正是这样进行的，现代社会的工作模式也是这样进行的。托马斯·福克斯认为我们今天只说身体，不再想到躯体，这不足为奇，尽管两者都是我们的存在形式。

我们如何能够回归（或者前进到）人不是物的认识，认识到人不是由可测量的行为组成的什么应用，而是具有开放性的？躯体也不仅有生命，而且能够被触摸？假如我们认为人的开放性是能够感知到的，那么又如何能够感知到这一点？按照这个思路，人类无法拥有，但是因为能够被触摸而能够感知到，并被视为所有存在前提条件就不是身体，而是躯体：这个躯体能够呼吸，睡着，醒来，会哭，会笑，被我们始终认为存在的就是这个躯体。更为关键的是，参与触碰的也是这个躯体："当我们触碰或者被触碰的时候，躯体总是要参与其中的。"[38]一个失去了躯体的人也会失去生命，决定人生命的是躯体。在被当做身体之前，躯体就已经存在了，从这个意义上讲，躯体应该是享有优先权的，适用于它的是自愿的、原初的或者直接的这类定语。但是对于托马斯·福克斯而言，这并不是将躯体奉为高贵自然的原生存在，而把身体降格为现代社会中需要被修正的对象的理由。正相反，生命力正源自在这两端之间的来回摇摆，而且也只能是如此。

但是，在这种摇摆中，人怎么会使自己变成了被作用的对象呢？福克斯认为："躯体之所以变成身体，主要是因为习惯受到了影响。"[39]只有在身体体验到伤害之后，人才会发觉自己是生物，或者是（用一个比较老的词）生命体："恐惧、窒息或严重的疾病使我意识到自己是脆弱的、动物性的、会死亡的生命体。"[40]受伤的脚能让我们变成活生生的人，而身体则变成病人，起麻醉作用的注射、打开脚部的手术刀、缝合伤口的针，身体在这个过程中就是医生治疗的对象，是客体。福克斯认为，会受伤害的人类所具备的这种躯体和身体的二重性最终决定了身体资本会具有什么样的现代特性。这种哲学思想并不会使浪漫主义复活，因为我们不可能再重新实现躯体的直接性。尽管如此，还是应该对其加以关注，这种特性存在于身体的可触摸性之中。假如身体不再能够被触碰，那就会退化成为纯粹的工具。

正是从脆弱的人类的这种意味着生命力的可触碰性中，福克斯发展出了所谓“具身的自由”（verkörperte Freiheit）的思想。这种自由是所有反抗的最初来源，也是所有文化的基础，它并不想征服躯体，而是要在人际关系中、在爱欲中、在心智上培养躯体的感官和感觉能力。“具身的自由”意味着不要去重塑自身，而是在与他人的相遇和身体间的亲密接触中真实地活着。虚拟技术也许能够做到振动或者连接，但是它让我们不再习惯甚或遗忘身体直接的靠近和接触。假如我们以今天为起点，再往前多走几步，那么身体之间的接触也许会被人视为某种违背习惯的类似疾病的东西。

“文化越来越具有虚拟的性质，这与身体体验或人与人之间身体接触的减少是同步发生的”，这是福克斯在《虚拟的他者》（*The Virtual Other*）一文中得出的结论。[41] 他的这个结论听起来或许有些文化悲观主义的意思，后者认为当今技术的发展主要体现在年长者熟练掌握的那些文化技术的衰败上。不过，福克斯在这里所说的更像是一种包含了重要信息的警告，他希望人们不要忘记人的一个不变的特质：会死亡，会受伤。[42] 并且他认为不应该在对事实的认识上抱有什么幻想，上述特质是人无法操控的。

“判断事实最重要的标准是不可预见性。事实上，我们无法预见究竟是什么让我们变得不一样，变得具有反抗性，是什么不断地在征服我们。”事实总是以他者的形象出现，托马斯·福克斯认为，他者的真实存在是我们判断自己是否存在的唯一可能：“只有他者能够将我从自己的想象和永远只能看到自己的反射中解放出来。”

宗教哲学家马丁·布伯从与他者的相遇中看到了人与世界的关系，福克斯正是从布伯的这个观点直接推导出下面的结论：自由就是通过他者的在场，通过他者的目光、声音，通过他者的脸实现具象化。"只有当他者对我们而言成为真实存在的时候，我们才可能对于自己而言成为真实的存在。"[43]虚拟的存在永远无法替代真实的身体接触，因为我们是通过身体的疼痛体验到自己的躯体，我们是有躯体的，因为我们能够触摸和被触摸。眼神、声音、相遇、关系、触碰，将这些具象化之后就能够使我们获得自由——这就是那个事实吗？

第四节　"对手"的权力：让·埃默里的"酷刑"

在这里，我要先暂时中断一下，回头来问一个问题：为什么我们应该仔细研究托马斯·福克斯的观点，花笔墨在他身上当然不是为了锦上添花，或只是为了让论证更加清楚，而是因为福克斯在概念的界定上能够给我们启示。[44]我之所以要如此详细地介绍托马斯·福克斯的著作，因为这部作品能够让我们不再将自己视为受支配的，而是天然的（kreatürlich），这里的天然是指我们的反抗性建立在我们能够被触摸、会疼痛、会相爱，也终将在某一天死去的事实之上。不过，这并不是我们在这里介绍福克斯思想的唯一原因。

它还让我们看到一种无法忽视的反差。上述思想在以下事实上将难以进行下去：人不仅可以相互成为对方的他者，并且可以从这个他者的眼神中确认自己是有生命的，因而获得自由。从真实的历史中我们能够看到，这个他者同时也会带来折磨、酷刑，会强奸他人，就像是作家让·埃默里（Jean Améry）所说的，在拥有决定权的地方，他们会以主宰破坏的“他者”形象出现。让·埃默里从纳粹的酷刑下得以幸存，所以他能够写出这样的话：曾遭受过酷刑的人在这个世界上不可能再有家。[45] 酷刑留下的心理阴影就像是留在人生活中的一个异物，因为这个异物的存在，受到酷刑的人也会变得异于常人。托马斯·福克斯从心理学的角度写道：“心理阴影是无法捉摸，也无法被归入某种逻辑中的，它会诱发抵抗机制和回避行为，为的是将回忆中那些痛苦的内容隔离、忘却或者丢开。”从这个意义上看，酷刑造成的心理阴影会控制一个人的生活，一旦身体受到了某种会勾起回忆的刺激，它就会变得非常强烈：“身体记得这个阴影，这就像是当初的事情再次重演，受过伤害的身体部位能够感觉到曾经的疼痛和痉挛。”[46]

我们在这一章要讲的本来是人的物化及其反抗的空间，突然将思路转到让·埃默里关于酷刑的文章上，似乎有些突兀。但我们如果要谈对人的伤害，就不能不提到酷刑。相比将人物化的市场力量而言，伤害他人身体的毁灭性后果有过之而无不及，其威力体现在酷刑的威胁或实施上。[47] 它在脆弱的人彼此的相遇上造成的后果超过了我们到目前为止讲过的一切，因为过度的暴力不知道他者的存在，也根本不想知道这个他者。[48]

作家让·埃默里 1912 年出生在维也纳的一个犹太家庭中，1978 年自杀。在《罪与罚的彼岸》（*Jenseits von Schuld und Sühne*，1966）中，埃默里讲述了自己在 1938 年如何逃往比利时，以及他被关押在奥斯维辛之后的经历，包括他在比利时布伦东克集中营地下室中所遭受的酷刑。那是在 1943 年 7 月，党卫军抓捕了分发传单的年轻反抗者埃默里，并对他施以酷刑。托马斯·福克斯或者马丁·布伯所说的那种他者在这个地下室中是不存在的，这样的人也不可能出现在那里，在一个彻底否定同类的时代，这个他者无论是从物质上还是精神上都被消灭于无形。

在那里占据主导地位的是“对手”（Gegenmensch）。让·埃默里将所有施刑者统称为“对手”，但是那个施刑的人是有名字的，他叫作普劳斯特。这个“对手”彻底终结了人对外界的信任，不再相信“他会尊重我的物质性以及非物质性的存在。随着第一下殴打，人对于外界的信任也土崩瓦解。那个从物质上外在于我的他者，只有在他能够将我的皮肤当做边界而不侵犯，我们才可能共存。如果他用暴力将自己的身体强加在我的身体之上，则会以此毁灭我。这就如同强奸一样”。

对手的自我是没有边界的。埃默里描述了对他施以酷刑的党卫军如何恣意无度，这是一种“自我的肆意膨胀”，是将自己的身体膨胀到侵入他人的身体。疼痛和身体在这个过程中失去了作为生命或者生物的所有意义。托马斯·福克斯曾经着力描述过那些意义，他想象中的社会是允许人们对外界存在信任的。但布伦东克集中营则完全是另外一个世界：“被施以酷刑的人因为疼痛而大声哭喊，他们是暴力的受害者，不能期望得到任何帮助，也没有任何能力反抗，他们只是一个身体而已……那些施暴者关心的并不是这个世界是否能够继续存在，恰恰相反，他们要做的就是破坏这个世界，通过否定共生的他者，达到实现自身绝对权威的目的，这个他者对于他们来说就是某种意义上的‘地狱’。让别人发出痛苦或垂死叫喊的权力掌握在他们手中，他们是肉与灵、生与死的主宰。酷刑通过这种方式成为颠覆人类社会的手段：因为我们如果要生活在一个与他人共存的社会中，前提是要能够保证他人的生存，控制自我膨胀的欲望，减少他人的痛苦。”[49]

埃默里认为，从酷刑中幸存的人不再知道如何与他人共处，他会与身边的人继续保持隔绝的状态，这是距离感和陌生感产生的原因之一，是对现代社会的思想世界以及各种要求的系统嘲讽。埃默里也明确地提到了现代社会的这种情况：从 18 世纪中期开始，酷刑就逐渐被取消，但是它并没有消失。这中间不仅有身体上的折磨，还有背叛，也正是因为如此，被施刑者的陌异性才无可消除。

今天，有经验的精神分析学家认为那些有心理创伤的人至少有可能通过数字化治疗法中的一些虚拟的人际接触来治愈，这种看法难道不就是因为陌异性无法消除吗？数字化治疗法能够保证拉开距离，能够与所有无法忍受的靠近保持距离，与他人的身体，他人身体危险的扩张，与那些无法计划、让我们感到厌恶的一切保持距离。我们不愿意要的、要丢掉的，统统用鼠标点掉。

第五节　什么都不能触动我：从《棱茨》到播放器列表

“我听见有人说话，什么都不能触动我 / 一切都很遥远……”智能手机的播放列表是完全随机组合的，它现在放的是多塔·克尔（Dota Kehr）的歌，下一首是英国的前卫摇滚乐队海狮合唱团（Marillion）的歌，再下一首是平克·弗洛伊德乐队（Pink Floyd）的经典老歌……我听在耳朵里，记在本子上，本节内容就是从这些记录而来，讲的是做一个像石头一样完全无动于衷的人是什么样的。这个播放列表中的音乐家从声音到对世界的理解，都好像是约好了似的，唱的似乎都是同一件事：什么都不能触动他们。歌中的世界什么也不对他们讲，真正地冷落了他们。他们唱的是像一层铁膜一样隔在自己和外面世界之间的那种陌异感，这是一种彻头彻尾的冷漠，或者说无所不在的距离，不再感到疼痛，周围不再有生命体，一切具身的自由都消失了，一切都变得麻木。

这些歌的内容很直白，歌中所唱的主题也不新鲜。从威廉·米勒（Wilhelm Müllers）和弗兰茨·舒伯特（Franz Schuberts）的《冬之旅》（*Winterreise*，1827）以及格奥尔格·毕希纳（Georg Büchners）的小说《棱茨》（*Lenz*，1835—1836）之后，这些内容就已经是现代性的固定主题，在过去两百年间不断以各种不同的形式出现，直到今天。从这些主题中，我们看到了能将任何生命冰封的那种奇特的现代恐怖，这就是虚无主义的恐怖，对一切都感到极端的无所谓，抱着完全的漠然态度，朋友、景物或者某种行为、香气或者声音，什么都不重要。在这种漠然之下，一切都是一样，都离得同样远，都同样被物化，没有生命，处于隔绝状态，自己的身体也像石头一样无动于衷。歌曲恳请这个身体能够有所触动，它总应该是有感觉的，至少能感觉到疼痛。但是，什么也感觉不到，陌异感占据了绝对地位。

这种陌异感像一种能够吞没一切的轰鸣声。居住在柏林的歌曲创作者多塔·克尔来自拉丁美洲，这位经验丰富的音乐制作人有医学背景。对她而言，这种陌异感就像是在社会里忧伤地失去了跟世界的所有联系："我听见有人说话，什么都不能触动我，一切都很遥远。就算他们问我，我也无话可说。玩笑也不能。轰鸣声吞没一切，什么都无法刺痛我的心。"

多塔·克尔的这首《轰鸣》(*Rauschen*)收录在2017年的专辑《五彩纸屑》(*Überall Konfetti*)中。歌中的主人公在黑暗中摸索，他的手折断了，周围的生物都无法理解他，相互之间隔着不可逾越的鸿沟："全都隔着厚厚的玻璃"。"空"与"满"在这里被无差别地赋予相同的含义，没有任何差别能够到达这个沉默的"我"跟前。"在沉闷的轰鸣声中，一切都沉没了。"这个"我"压倒了所有生动、野性的情绪波动，在歌中，这些情绪被比喻为恶龙和魔鬼，它们被"我"征服，"我"使它们的翅膀麻痹。但是，这场胜利使得一切趋同，代之以绝对的相似。"驯服"和"麻痹"这两个词在德语中是押韵的，而曾经在歌德时期带来一股清新气息的"心"(Herz)这个词在关注个人情感的现代转型中则跟"疼痛"(Schmerz)构成一对押韵的词。现在，这个"心"能够感觉到的只有这种刺入心脏的"空"，要再押韵，就只能是"玩笑"(Scherz)了。"心"和"玩笑"，在这首歌中，生命只剩下带有明确目的性的日常，一切按部就班。

陌异感的一种可能的表现形式是感觉自己是透明的，这是身体在感觉中的消失：海狮合唱团2004年的专辑《大理石》(*Marbles*)中有一首歌《隐形人》(*Invisible Man*)，唱的就是"我"与世界的相互脱离，身体和感知能力如何离开"我"："这个世界疯了/我失去了感觉/我不应该承认/但不得不承认。我一分神它就流走/我没有变/我发誓自己没有变/这怎么会发生？我感觉不到自己/蒸发……/身体消失/但眼睛还在/盘旋，见证/冰冷得像个鬼……看着大街小巷。""我"失去了触觉，"我"的身体消失了，"我"像个幽灵一样冷漠：这种没有生命气息的、虚无的冷漠，使他在穿过大街小巷时目睹了人们物化彼此的残酷行为，并且除了他之外，似乎没有人看到：他看到婚内强奸，看到汽车如何冲向十字路口却不避让行人，他喊叫，没有人听到。

摸不着、看不见、听不到，陌异感的表现形式也可以是一种充耳不闻。这是一种让人舒适的听障，外界再没有什么能够触及我，包括外界那些让人害怕的事。在平克·弗洛伊德乐队 1979 年的专辑《迷墙》（*The Wall*）里有一首经典曲目叫作《舒适地麻木》（*Comfortably Numb*）。在歌中，艺术家仿佛垂死，他似乎还能够看到从远处疾奔而来的医生，但是医生问到什么地方疼的时候，他又只是说他自己已经摆脱了一切痛苦："没有痛苦，你正在消失 / 船在远方的地平线上冒着烟 / 你只是一波又一波 / 你的嘴唇在动，但我听不到你在说什么 / 小时候，发烧的我 / 双手感觉像两个气球 / 现在我又一次有了那种感觉 / 我无法解释，你不会明白 / 这不是我的样子 / 我已经舒适地麻木。"与世隔绝，舒舒服服地对一切充耳不闻，让所有可能的痛苦都无法靠近。但对于脆弱的人类来说，疼痛是让人能够感知自己生命的方式。

歌中所描述的这种因缺乏接触而产生的陌异感看上去就像一条漫长道路的可怕终点。在道路起点眺望时，我们曾看到同情、正直和善意，但是一路走来，这些都被证明是无法兑现的空头支票。不过，这样一种对无接触的解读并不正确。这条道路的终点和起点其实并没有什么区别。今天的异化主题同时也回应了其在现代性中的历史，回应了它在这条道路的起点上同样已经听到的事实。自始至终，对异化的不满也可以作为对现代性的批评，促使人们寻得其他答案，而批评和不满则会继续存在。因此，这条道路本身已经成为沉默的或异化的世界中的一个主题，在这条路上行走着的人有的采用文学的方式，有的则是用了哲学的方式。他们中有很多年轻人，250 年来一直如此。

就像棱茨，我们几乎找不到比他的陌异化之路更让人震撼的道路，不管是在真实的历史中，还是在文学创作中。所以，我想用他这一个例子来说明现代人的自我是如何被逼入陌异化境地的，并将文学作品作为研究心灵的史料。22 岁的诗人、医生格奥尔格·毕希纳以狂飙突进时期的诗人雅各布·米夏埃尔·莱因霍尔德·棱茨（Jacob Michael Reinhold Lenz）为原型创作了中篇小说《棱茨》。年轻的棱茨曾经与当时同样也很年轻的歌德志同道合，但时间并不长。歌德如何获得盛名众所周知，不管是通过他的研究，还是文学创作，抑或是个人经历。但因为灵魂被冰封而生病，并在孤独中死去的棱茨却鲜有人知。1792 年 6 月初，棱茨孤独地在莫斯科的大街上死去后，仅有一篇写给他的纪念文章。这篇文章发表在《文学报》（*Allgemeinen Literatur Zeitung*）上："他死了，仅有几人哀悼，无人怀念他。"

格奥尔格·毕希纳为自己这篇小说的基调选择了一种贯穿始终的冷漠。小说的开头这样写道："他无动于衷地继续走着，路时而上，时而下，路上没有什么让他关心的。他并不觉得累，不过有的时候会因为不能用头走路而觉得不悦。"小说是这样结尾的："他冷漠地坐在车里，由他们沿着山谷把自己带向西边。他不关心这些人要把自己带到什么地方去，好几次，车子因为道路状况糟糕而陷入危险，他依然静静地坐着，完全无动于衷。"[50]

棱茨这种在冷漠中的前行并不是对现代社会进步或者向不受伤

害的状态发展的比喻。在这部小说中，他是一步一步地从冷漠，到百无聊赖，最终发展成为彻底的冷漠。他所走的路同时也是一种体验自我被驱赶的极端方式，为的是逃脱虚无、无聊和保持统一距离的恐惧。研究者认为毕希纳的棱茨是用活人之躯展现了现代理念的崩塌。真实世界与接受了启蒙思想的理想主义者所想象的世界太不一样，棱茨还在努力争取每一个他所熟悉的生命力的来源，但真实世界与理想世界都对他保持了完全的沉默："生命力离开了他，他的四肢变得僵硬。他说话，歌唱，背诵莎士比亚的作品片段，他尝试了平常能让他的血液加速流淌的一切……他搅动身体里的一切，但只有死气沉沉！死气沉沉！"[51]

这种对可触碰的追求作为一种母题，直到今天依然反复出现。在《棱茨》中，它是以一种早期的形式出现，远远早于市场和数字技术产生影响的时代，早于我们对现代社会所带来痛苦的表达：这部作品反对的是将寂寞的人变成没有生命之物的冷酷，外部世界看上去一片死气沉沉，自我努力追逐与世界和自身的一种能够被感知到的联系。这部小说中的棱茨寻找与收容他的人在身体上的亲近，他的确也希望能够与这些人依偎在一起。他害怕面对寂寞的自己，因为在僵硬冷漠中，他能够感受到的只有虚无。只有跟他人在一起，被人与人之间的善意感动，或者心中的某种艺术能够将冻僵的痛感唤醒时，他才能获得平静："在这些声音之下，他的僵硬慢慢松弛下来，所有的痛苦这时都醒了过来，进入他的心中。"[52]他要通过触摸征服死亡，棱茨试图像耶稣那样，想通过触摸一个已经死去的孩子来救活他："随后，他站起身，抓住孩子的双手，大声而坚定地说：'起身，变！'但是，四面的墙只是冷冷地将他这话抛回，似乎是在讥讽，尸体依旧冰冷。”[53]这个可怜的人将复活的想法延伸到自己，又扩展到周边的一切：“他内心中越是感到冰冷、空虚、垂死，他就越是迫切地想要点燃自己心中的烈火。他记得曾经有那样一段时间，自己心中充满躁动，他在自己的各种感受之下喘不过气，而现在，一切都是那样死气沉沉。”[54]

在这段陌异化的现代史中，疼痛同样也标志着具有决定作用的差异性。能够感受到疼痛的人就是活着的，也就能感知到一个有生命的自我。“但是一种阴郁的直觉驱使他拯救自己。他撞石头，用指甲抓自己，疼痛开始让他恢复意识……他常常用头去撞墙，或是用其他方法让自己的身体感到强烈的疼痛。”[55]等到所有痛感都消失了，一切“通过身体疼痛恢复意识”的努力都无济于事，彻彻底底的冷漠便占据了上风：“他心中是让人绝望的空虚，他不再觉得恐惧，也不再有欲望。”[56]

现代社会在开端时曾让人感到是可以从理念角度进行重构的，但是对毕希纳笔下的棱茨而言，这个世界还未开始，就已经沉默。从那时起，艺术家、哲学家、学者就不断地用不同的方式对这个世界进行思考，很多人都有过这种经验：僵硬，与人没有联系，完全的冷漠。多塔·克尔、海狮合唱团或者平克·弗洛伊德乐队用歌曲的方式，既解读了石化的现代人棱茨的问题，同时也用前所未有的新的方式让人听到了自己的声音。他们用艺术使自己成为全面“展现个人功能的现代社会”中的行动者，[57]就如同社会学家哈特穆特·洛萨对这个历史进程的称呼，下面我就要介绍一下他的共鸣论。

第六节　共鸣：哈特穆特·洛萨的世界关系社会学

僵化、沉默、缺少接触、冷漠、空虚，现在恐怕没有任何一部著作能像耶拿社会学家哈特穆特·洛萨的《共鸣》（*Resonanz*）那样敏感地关注着现代人的处境。这本著作勾勒了一幅时代图景，他要解释的是人们对于沉默世界的恐惧感。如果说现代艺术讲的是歌唱者不再为任何事所动，那么哈特穆特·洛萨的著作则是将这些歌曲理解为向社会理论提出的问题。因此洛萨才精心地用了 800 页的篇幅来铺陈自己的社会学思考，他所找到的答案，可用一个词概括：共鸣。

我们能用寥寥几笔勾勒出这 800 页理论的内容吗？当然不行。不过我们至少应该说明下面这一点，那就是这种带有反思性质的社会学理论核心内容是关于脆弱人类的可触碰性。洛萨对时代做出的诊断中虽然结合了对各种学科和艺术成果的认识，[58] 但是从核心上看，这个理论并不复杂。所谓共鸣，说的正是我们能够被触碰，也能够触碰，这不同于将所有的一切都物化的现代社会中正在发生的陌异化。其中最根本的原因是人在母体中时就有能力产生共鸣，并且人的生命就是从各种联系中产生的。不过现代人在行为与反应方面越来越具有感知力也是一个重要原因。从这个意义上讲，共鸣是一个既带有描述性质、同时也带有规约性质的概念。人能够了解到自己所期望的是什么：通过与外界产生交互关系，在这些交互关系中，人感觉到有一根“颤动的弦”（洛萨的说法）将自己与外界连接在一起。洛萨找到了各种不同的界域，在这些界域中，我们能够体验这些交互关系或者各种不同的回答，这些界域包括家庭、友谊，也有工作或者政治，自然或者艺术，学校或者体育运动。

《共鸣》由此提出了一套有关社会的批判性理论，但是这个理论也具有深刻的音乐性，仿佛它是产生自与毕希纳的《棱茨》、海狮合唱团的《隐形人》或者多塔·克尔的《轰鸣》的对话中，为的是让人们听到这些作品中的声音，共鸣论就像是对它们的回应。

“共鸣”这个词听上去那样温暖，或许会让人错误地产生一种舒适感，但这只不过是一种错误的感觉。如果没有与陌生人的接触，就不会有共鸣，这个词的核心是对差异的体验，它与自我反射或者讨好自己的自我肯定是相对的。那么，究竟什么才可以被认为是共鸣呢？共鸣的意思是“被不可触及的他者所触动”[59]，在共鸣中，人和世界相互接触，但又都不会屈从于对方的目的。听到自己的声音，接触到他者的声音，用血肉之躯感受到自我在这个世界中是有用的，而与对方的交互关系会使双方都产生变化。哈特穆特·洛萨认为这里面就会有共鸣。现代社会中的自我通过共鸣，能够逃脱现代社会“更强、更快、更多”这个不断循环往复的枷锁。在体验共鸣的同时，我们也体验到反抗。所谓反抗，指的就是不被驱赶，而是被托举，并与他人共同存在于一个结局开放的故事中。

“可触摸性”能够建构这种经验：洛萨用现象学传统理论关于“体现”的说法解释共鸣，虽然这使共鸣这个概念与身体和灵魂产生了密切的联系，但“接触”并不应该直接从触觉的角度去理解。洛萨关于“可接触性”的理论更多是源自哲学家伊曼努尔·列维纳斯（Emmanuel Lévinas）的观点，指的是用目光接触：从一个人的脸上观察到对方是一个脆弱的生命，就是在自己的身体里感受到这种脆弱，并作为对这种观察的回应。共鸣的先决条件是具有敞开自我的能力，但这样做从来就不是毫无风险的："在共鸣模式下……人从根本上来说是会受到伤害的。"[60]感知能力让他们能够触碰或被人触碰，但是共鸣论讲的却并不是让人惬意的舒适感。"那些愿意被人触碰的人，要付出的代价就是可能会受到伤害。"[61]缺乏信任感的人，是不会敞开自己的。

信任他人的前提是对共鸣持开放态度，但这并不是浪漫的魔法物品，而是从一开始就为身体和灵魂定下的基调。"婴儿，或者也许是从受精卵开始，就在体验并生活在共鸣中，远早于学会说'我'，他是通过前者才学会的后者。"[62]哈特穆特·洛萨根据人从母体开始的最早期经历，描述了人普遍拥有或者可能拥有的是什么样确定无疑的认识，并将之称为"人类与外界关系的基本元素"[63]。这些最基本元素首先是通过有生命的身体获取，例如呼吸、饮食和排泄、站和走、睡觉、听、看或者爱。从根本上来说，这里包括了所有那些进入人世后可能有的基本感知以及联系，也就是毕希纳的棱茨在同名小说中所追求的那些，或是今天——现实世界中——哲学家托马斯·福克斯提醒我们不要忘记的那些，虽然这都是构成日常生活的基础。

共鸣论首先关注的是从肉体到灵魂都能够有所反应的人，并不是会受到伤害的人。洛萨也因此更加注意"不要抹杀内心的强烈触动与外在伤害之间的区别"[64]。用洛萨的一个例子，落在行人头上的屋瓦从本质上来说不同于让人感到压抑的低垂的天空。我们会想要保护自己不被屋瓦砸伤，尽量躲开它的冲击力，所以我们自然不会想到与屋瓦产生共鸣。洛萨更加强调的还有与那些以身体会受到伤害的人为目标的暴力之间的区别：暴力的目的在于使他人噤声，它与对他人的开放态度恰好相反。用暴力伤害他人的人，不是想要亲近这个人，而是要否定他。

说到这里，我们自然想要问一下共鸣论：谁来保护脆弱的人不受到暴力伤害？如果一个人在情感、知觉、欲望方面真的已经那么现代了，那么谁会关注这个人的完整性，关注他不受伤害的权利，并将之形成法律呢？共鸣论首先将法律理解为一种现代社会的界域，法律能够让所有的一切功能化，越来越快，越来越多。在这个意义上，洛萨在解释社会关系的学说中将这种权利视为现代社会发展的工具，为的是能够掌控一切："现代法律的设计原则是不断发展、变化和适应。"通过"不断升级"，将"合法的动态立法体系"作为基础。立法机关就是"永久（重新）创制法律的常设机构"[65]。

也正是出于这个原因，将法律视为一个共鸣界域本身就值得思考，我对法律作出承诺的理解不同于洛萨。法律保护身体的不可伤害性，惩罚伤害身体的行为，这种具有划时代意义的承诺能够出现，正是因为社会现代转型的推动。对于社会中的大多数人而言，例如妇女、儿童、老人，这种现代法已经慢慢地成为一种共鸣界域。作为一种带有回应性质的界域，我们能够在这里听到当下的一些声音和自己遭受的痛苦。从这个意义上被理解为共鸣界域的法律会对人所遭受的痛苦有所回应，方式是在发展方向尚不确定的法律史中赞同惩罚那些伤害他人的行为。

我们是从这一点上判断现代社会中掌握权力的人是否愿意或者是否能够倾听并有所反应，因为他们也是潜在的能够产生共鸣的人。洛萨这样描述现代法律："当权者既是被迫，同时也有能力对社会的需求和变化敏感地做出反应。"[66]事实的确如此，正是因为在现代社会中自己的声音能够被人听见，促使社会承认那些无权无势者也享有权利，许多不愿再忍受痛苦的声音才能够形成叠加效应。在解放运动的所有歌曲中，我们都能够听到无权势者如何将希望放在某个能成为自己共鸣界域的明天。在这些歌曲中，最让人震撼的莫过于老歌《奇异恩典》（*Amazing Grace*），为纪念被谋杀的黑人神父平克尼（Plnckney），美国总统奥巴马曾与众人合唱过这首歌。[67] 或许，关于身体不受伤害的权利的想法甚至能够成为一种驱动力，使无权势者不再有低人一等的感觉。这种权利本身当然也是对现代人处境的一种可能的回应。

之所以会如此，是因为对沉默世界的恐惧只是时代的特征之一。现代社会的另外一个重要特征是人能够对话，能够共同采取行动。洛萨用社会学理论的说法这样描述对可塑造性的体验："现代社会中作为集体社会形态的自我功能性是非常强大的。"[68] 说到这里，我从本书开头起展开的思路就画了一个圆，终止在当下：现代性的转变开始于1750年前后，主要是针对存在于社会中的暴力，这种暴力被公民加诸彼此身上，而他们又在很长一段时间里对此保持着缄默。

从这个意义上讲，法律就不只是一种利用世界的工具，它同时也是一个答案：被现代法律保障了身体自决权的人，就不会觉得这种法律是具有物化性质的。只有确定了这一点，那些沉默了很久的人才能够被觉察到。发出自己的声音虽然从欧洲白人男性的呼吁开始，但这已经是很久以前的事了。虽然这个能被听到的声音不断停滞，被暴力淹没或是仿佛漫无目的似的在原地打转，但从那时开始，并且直到后现代的当下，对于共鸣的渴望已经延伸到越来越多人的身上，同时也在以越来越多的形式出现。要求身体不受伤害的声音正在越来越多的地方以更为自信的表达方式被人听到。我写下这句话的时候，里约热内卢的狂欢节正伴着桑巴舞进行，大街上的人对着来自世界各地的摄影机展现对奴隶制度和暴力的反抗。舞者们在舞蹈，因为他们清楚自己不仅仅是被全世界的观众看到，他们同时也能够看到、听到彼此。他们的舞蹈是有所指的：掌握权力的人不应该冷漠地旁观，而是要做出回应。

只有脆弱的人才有可能会有共鸣，能够被亲近的只有那些没遭受过暴力的人。这是后现代社会一个可能的出路，或许也就是我们要走的路：不受伤害，能够被人靠近，自愿与他人亲近，对于那些将会发生的事保持开放的心态。

结束语：如履薄冰

我们是正在向一个无接触的社会迈进吗？ 2018 年夏出现了有关这个话题的一些最新的信息：传奇般的不老运动医生穆勒 – 沃尔法特（Müller-Wohlfahrt）在自己的书中说，他主要是通过用双手触摸身体做出诊断，而不是依赖于核磁共振、超声或者 X 光检查的结果。歌手格林迈耶（Grönemeyer）称这位医生是真正的触感大师："我觉得他触碰病患时的仔细精心，就像是在触碰一件乐器，他想知道病人是如何振动的，病人的身体会发出什么声音，有什么不和谐的地方。"[1] 穆勒 – 沃尔法特的书一摞摞地摆在车站书店中的时候，关于远程医疗的立法改革正在酝酿中，这项法律要规约的是医患在实际未见面的情况下发生的医疗。德国医学会（Bundesärztekammer）在 2018 年 5 月表决通过取消对于通过电子信息手段进行首诊的禁令。要不了多久，医生的触碰就不再是必需，医生在线给病人进行后续医治之前，并不一定非得先亲自检查过病人。[2] 触碰耗费时间和金钱，而这两样并非所有人都有，作为哺乳动物的人正在不可替代的身体接触与其数字替代品之间寻找一条道路。

在本书完成之际，在"Me-too"大讨论的背景下，传出了为触碰立法的消息。另一件事同样引人注目：好莱坞导演哈维 · 韦恩斯坦戴着手铐，被一名女性押解的照片传遍了全球。爱德华·路易（Édouard Louis）和克里斯蒂安·克拉赫特（Christian Kracht）这两位无论从政治立场还是审美方面都有根本区别的作家公开了他们曾经遭受过的男性性暴力。瑞典的一项法律规定，从 2018 年 7 月 1 日起，只有在双方明确同意的前提下发生的性行为才是被允许的。瑞典首相斯特凡·勒文（Stefan Löfven）在圣诞致辞时向公民们解释了为什么会有这样的法律规定：性必须是自愿的。“如果不是，那就要受到惩罚。”[3] 联邦法院第四民事审判庭在不过五十年前还曾经宣布，婚姻要求“维持婚姻感情，并表现出牺牲精神”，禁止在进行性行为时“表现出冷漠或反感”。[4] 如果你还记得法院当时提出的理由，或许会质疑法律的性质，但有一点是毋庸置疑的，那就是在勒文的圣诞致辞时已经发生了划时代的变化：在身体接触的时候，自愿终于成为决定性的原则，因为人被认为是会受到伤害的。

但是，以什么形式，通过哪个被授权的第三方能够确认甚或证明这样的自愿，监管和证明的义务会如何改变身体接触，在这些问题上还存在争议。不仅如此，从国家层面上证明自愿，这让我们的社会面临一个很大的问题：如果一个社会要避免所有可能造成伤害的危险，那么这个社会还是自由的吗？日本现在的一些发展表明，即便是在自由社会，在没有法律规约的情况下，没有性生活依然是可能的。2018 年 4 月，日本导演冈田利规的戏剧《不要性》（*No Sex*）在慕尼黑室内剧院首演，这部剧提醒人们，现在已经有几乎一半的日本年轻人自愿放弃性生活，因为太累，太麻烦[5]——同时，日本又开发出一种椅子，能让坐在上面的人有拥抱的感觉，这能使人安静下来。[6] 美国公司 Gravity 则研发出一种重达好几公斤的被子，据说能够通过被子的压力减少失眠者的恐惧感。[7] 这都是自愿的。

触摸与怀疑分不开，保护人们不因身体接触而受到伤害的法律很容易将其他类型的人与人之间的接触也列为怀疑对象。老师安慰摔跤的学生时不敢拥抱对方，也不敢帮学生包扎伤口，这些现象并不罕见。2017 年春季，英国神经学家弗朗西斯·麦克格隆（Francis McGlone）就指出，对人的行为可能产生的法律后果的恐惧会阻碍那些让人感到幸福的身体接触，例如对于寂寞的老年人。[8] 因此，各种报纸的周日版或者周报都对最易受到伤害的老年人越来越感到忧虑。在英国，“孤独部”开始工作：特别是在跟成百上千万需要护理的人打交道的时候，我们很快就会知道是否能做到不滥用最易受伤害者的脆弱，尊重他们的这种脆弱，同时又能靠近他们，自愿的，没有强迫或者暴力。

我们的社会正在走向开放：在未来，人与人接触时占主导地位的是毫无顾虑的互相亲近，还是充满怀疑的控制欲望？在市场上四处移动的单身者会不会用他们的钱让触摸产业更加兴旺？用远程性交的方式与人相会，身体上模拟的自愿亲近试验会越来越多吗？可以自主决定的接触能够成为让人安心的常态吗？或者说看似已经被克服的非自愿与攻击还会卷土重来吗？柏林电影节获奖影片《不要碰我》用艺术的方式很认真地探讨了人对于触摸的恐惧感，书店里还有一摞摞劳拉·科奈德尔（Laura Kneidl）的畅销书《触摸我。不！》（*Berühre mich. Nicht*）等着读者。《南德意志报》冷嘲热讽地说很快德甲就可以卷铺盖了，因为要不了多久，所有球场的草坪也会禁止男人踏足，因为“草叶也会感到疼”，花店都得关门大吉，“因为鲜花也有权要求自己的身体不受到伤害”[9]。这嘲讽说得也没错，只是草叶和鲜花都不能颁布保护自己的法律。

未来在闪着光，但现在的状况则像是在薄冰上滑动，柔弱的冰舞，尽显有魔力的美，但同时也有各种摇晃、躲避、踉跄、碰撞，不论是单人，还是双人，是在交际，还是在陌生人中。这里再借用社会学家赫尔穆特·普莱斯纳的说法：想要使“人际交往”让人感到舒服，依靠“从来不会过分亲近或者疏远”的细腻是唯一的途径。[10]天平的两端，一边是对不再被触动、所有的一切都无所谓的恐惧，另一边则是对触碰过分强烈、甚至暴力的恐惧，人在敞开自己的同时，伤害就近在咫尺了。

就像是在冰面上：现代社会开始起步的时候，滑冰就在歌德的作品中成为一个常见的主题，近与远、接触与疏离在这种活动中变得不确定。这种滑冰活动，单人、双人，跟朋友或是陌生人一起，体现了人与人之间没有接触的接触，他们希望能够找到彼此，因为只有一起，他们才能动起来，相遇并共同构成画面。在《歌德自传：诗与真》（*Dichtung und Wahrheit*）中，歌德讲到了在法兰克福的美因河上滑冰的情景，1774 年，“冬天极冷，美因河面全部冻住了，变成了结实的冰面。冰上正在进行的是最热闹、必要而又有趣的群体运动。四下里都是冰道，广阔的冰面上人头攒动”[11]。这是一种很有吸引力的无接触式接触，向前滑，偶尔也朝后滑，挤在人群中，踩在脆弱的冰面上，这成为歌德笔下的一个主题，从中我们能看到现代社会的特征。例如在写于 1775 年的《冰与生命之歌》（*Eis-Lebens-Lied*）：“开你自己的冰道……冰就要裂，不要掉进去 / 冰就要碎，你不要掉进去。”[12]在 1797 年发表在席勒《文艺年鉴》（*Musen-Almanach*）上的《溜冰场》（*Die Eisbahn*）这首诗中，滑冰的是一群人中的一个个体，这些人既相互吸引，又互相排斥，他们的运动包括了这个运动中的两极，将滑冰的人作为同样的一群人联系在一起："所有人都忙着追逐，相互追寻又逃避/……一切都在向彼此滑动，学生和老师，还有始终在中间的普通人。"革命在这里成为文学作品中具有象征意义的滑冰运动，有积极，有消极，有滑动，有承托。后来，在歌德的中篇小说《五十岁的男人》中，滑冰者变成了冬夜冰面上舞动的小岛，一个个，一群群，一对对，还有情侣，他们似乎在用"幸福的互动"来表现自由。创作于1806年后的这部作品是为了讲述拿破仑的胜利给人带来的强烈震撼。[13]

在175年之后，这种认为现代社会的冰能够承受住压力的少见的确定感，在平克·弗洛伊德乐队的《薄冰》（*Thin Ice*）中变成了一种深度怀疑之下的警告：后现代生活的冰太薄，滑冰者划花了本能承托住他的冰层，眼泪和恐惧的洪流会让冰层随时破裂："如果你要去滑冰/在现代生活的薄冰上/身后是无声的指责/那是百万双泪眼/冰裂的时候你不要惊讶/裂缝就在你脚下/你在滑动中失去深度和意识/身后是你的恐惧在流淌/当你紧紧抓着薄冰的时候。"

我们应该到冰上去吗？如果不去冰上，还能在哪里舞蹈？只有会受到伤害的人才是能够亲近的，他们对接触是开放的。所以出去吧，去冰上。

注 释

引 言 陌生的拥抱

1. Zygmunt Bauman: *Retrotopia,* aus dem Engl. v. Frank Jakubzik, Berlin 2017.
2. Zygmunt Bauman: *Moderne und Ambivalenz. Das Ende der Eindeutigkeit,* aus dem Engl. von Martin Suhr, Hamburg 1992. 关于社会学如何看现代性和暴力的关系可参见 Michaela Christ: *Gewalt in der Moderne*. 暴力社会学研究中的大屠杀和国家社会主义，见 Michaela Christ 和 M. Suderland (Hg.): *Soziologie und Nationalsozialismus*, Berlin 2014, S. 332 ff。
3. Ivan Krastev: *Europadämmerung: Ein Essay*, Berlin 2017. 另请参见 Elisabeth von Thadden: *Überstehen ist alles*, in: DIE ZEIT, 2.8.2017。在 2018 年 1 月 22 日与 *Spiegel* 记者的谈话中，Krastev 加深了这一分析。
4. 脆弱的问题在今天已经引起了许多研究者的关注：在最新的哲学研究中，Andrea Sangiovanni 在与康德研究者的讨论中，从人的脆弱性入手，探讨了为什么权力不能够滥用人的这种特性，以及什么是人道的问题。我将在本书的第二章提到他的著作 *Humanity without dignity* (Cambridge Mass. 2017)；在老龄化研究方面，海德堡的专家 Andreas Kruse 最新的著作：*Lebensphase hohes Alter. Verletzlichkeit und Reife*(Berlin/Heidelberg 2017)，特别值得关注，在这部著作中，他对高龄人群的可伤害性进行了深入的探讨；在神学方面，Heike Springhart 让我们对“真实的人类学”有了新的认识。参见 Heike Springhart: *Der verwundbare Mensch. Sterben, Tod und Endlichkeit,* Tübingen 2016。
5. 我特意没有专门用一章来讲这场争论，因为它渗透在我这本书中的各个领域。性的自决权成为一条贯穿所有章节的线索。2015—2016 年跨年夜发生在科隆的大规模性侵，以及在短暂的不知所措后开始的周详的善后工作，让我们看到了人的脆弱及其引发的惩罚在今天多么受人关注。不过，难民潮及其所带来的问题不是这本书要重点讨论的内容。本书主要讲的是现代社会如何在相当长的一段时间里都无法讲出那些最无权无势者每天遭受的来自身边人的暴力，以及在后现代的今天我们终于能够起诉这样的行为，这背后是多么漫长的一条道路。

6. 这是汉堡大学医院 2017 年冬张贴在汽车站上的海报。
7. 竞选还在进行的时候，Christian Wernick 就在一篇报道中讲到了马克龙如何把这种肢体接触当做一张政治王牌使用。报道载：*Süddeutsche Zeitung*, 20. 3. 2017。2018 年 4 月，美国喜剧演员 Trevor Noah 在他的“每日秀”中调侃了马克龙的这种“动手动脚”。
8. 2016 年 11 月 9 日我在德国科学基金会“后成长式社会”研究会的座谈活动上与大家分享并讨论了我这本书的初稿，那一天恰好是纳粹大屠杀纪念日，也是特朗普这个曾经公开吹嘘自己的性侵行为非常受欢迎的人赢得大选的一天。这个讨论活动在许多年中，给了我很多想法，在此无法一一列举。此外，一些其他的社会学讨论对我的思路也产生了影响。对社会的研究中很久以来似乎并没有身体的存在，正如 Katharina Inhetveen 在 *Gewalt. Ein interdisziplinäres Handbuch* 这本手册中“身体”这个词条下面所写的：“在有关身体的社会学论文中，虽然里面的人物似乎有身体上的互动，但却都隔着很远的距离，因此他们之间并不会产生身体上的接触，更不用说暴力相向。”见 Christian Gudehus, Michaela Christ: *Gewalt. Ein interdisziplinäres Handbuch*, Stuttgart 2013, S. 203 ff。随着 Heinrich Popitz、Helmuth Plessner 的著作为人所知，以及 Gesa Lindemann、哲学家 Hermann Schmitz 和 Thomas Fuchs 等人的论文发表后，这种状况有所改变。Michaela Christ 的论文让我看到，社会学及其关于现代化转型的理论是如何开始关注那些会受到伤害的人，特别是暴力问题。Fuchs 和 Schmitz 的论文从现象学和心身学出发，探讨了身体性和感知的问题。福柯的著作很难被归入某一个学科，他对现代性进行的话语分析首先关注的是如何监督并惩罚机构对于身体所拥有的权力，不过他的著作我只能一带而过。虽然福柯的研究对于理解酷刑的禁止具有开拓性的意义，但是并不能很清楚地体现我在这里要讲的复杂的触摸与伤害的问题。在本书第四章的末尾，我将会特别提到耶拿社会学家 Hartmut Rosa 的共鸣论，因为他的理论是从现代社会中的陌异化出发去观察人与人之间的身体接触，并将共鸣视为会受到伤害的人的一种体验，见 Hartmut Rosa: *Resonanz, eine Soziologie der Weltbeziehung*, Berlin 2016。作为一名记者，我并不会很深入地探讨现代的暴力理论或者身体、心理研究方面的最新研究成果，也无法对有关宪法和人权的讨论、身体的历史研究、性科学的研究或者触觉研究有很全面的论述，这些方面，其他人已经有很好的作品，我在这里只是提供关于这些著作的信息。

9. 历史学家 Lyndal Roper 在她关于近代早期历史中的身体、性、暴力和道德的著作中，让我们看到了在身体方面发生的划时代变化。她关于心理和身体史的论文更坚定了我在当今社会正在发生的转型中寻找身体的可触摸性及脆弱性的想法。

第一章　指尖的触感

1. Martin Grunwald: *Homo Hapticus, Warum wir ohne Tastsinn nicht leben können*, München 2017, S. 154.
2. 同上，S. 153。
3. Sylvie Consoli: *La tendresse. De la dermatologie à la psychoanalyse*, Paris 2003, S. 137.
4. Christian Satorius: *Bei leichter Berührung gibt's mehr Trinkgeld*, in: Osnabrücker Zeitung, 8.6.2016.
5. 仅仅是那些使皮肤发生形变的触摸，就会引发数以百万计的微电流信号，进而触发生长过程。Grunwald 对此有详细的解释，见 Grunwald:

Homo Hapticus, S. 64。

6. 从孤儿院的死亡名单上我们能够看出，虽然有吃有喝，但依然有数百名儿童夭折。

7. 参见 Nina G.Jablonski: *Von außen betrachtet ist der Mensch ein Irrläufer*, in: *Süddeutsche Zeitung*, 25.1.2017。不过很多迹象表明，人们对此的关注正在增加。例如 2018 年春出版的运动医学专家 Hans-Wilhelm Müller-Wohlfahrt 的著作 *Mit den Händen sehen*，这部书中描述了这位医生如何将具有魔力般敏感的触觉作为诊断的依据。不久前的一部畅销书将皮肤作为触摸器官，对此进行了详尽的描述，见 Yael Adler: *Hautnah. Alles über unser größtes Organ*, München 2016。此外还有一部讲述人与人相互之间近距离接触的书，见 Giovanni Frazetto: *Nähe. Wie wir lieben und begehren*, München 2018，这部作品主要讲述的是爱情的各种社会变异形式。

8. Aristoteles, *Über die Seele*, in: ders.: *Philosophische Schriften* in sechs Bänden, Band 6, Hamburg 1995. 德里达在他的作品 *On touching* 中对这些亚里士多德式的触摸的开端表示了详细的赞扬，见 Jacques Derrida: *On Touching*–Jean Luc Nancy, Stanford 2005, S. 17 ff。

9. Grunwald 在他著作的第二部分讲到了触觉受损所带来的严重后果。

10. Grunwald: *Homo Hapticus*, S. 47.

11. 同上，S. 159。

12. 同上，S. 63。

13. 同上，S. 157 或 159 和 163。

14. 催产素可由令人愉快的皮肤接触刺激释放，可以缓解恐惧感。与它起相反作用的是能够带来恐惧感的压力荷尔蒙皮质醇。自然分娩和母乳喂养一直被认为是催产素释放的来源。这种荷尔蒙能够加强信任感和情感联系。不过很少有人知道，只有当女性在分娩时感到安全，才会释放这种激素。因此，荷尔蒙能带来的好处并不是纯粹自然形成的，而是与所有其他人类的事件一样会受到社会的影响。

15. 有趣的是，目前的私处外科手术正是要去除不平整之处，使人的身体变得像智能手机的表面一样光滑。参见 Anna-Katharina Meßmer: *Überschüssiges Gewebe. Intimchirurgie zwischen Ästhetisierung und Medikalisierung*, Berlin/Heidelberg 2017。
16. Grunwald: *Homo Hapticus*, S. 242 ff.
17. Eva Wolfangel 曾发文讲述了模拟人感觉的人工设备的研究，见 Eva Wolfangel: “Zurück zum Spüren”, in: der ZEIT vom 22.2.2018。Grunwald 对这种机器人研究的质疑并不奇怪。
18. 这是触觉历史上一个代表性的例子，让我们看到触觉相较于它的强劲竞争者听觉具有什么样的能力。Sylvie Consoli 在她的著作 *La tendresse* 开篇就讲到了内科医生 Fred Siguier 的例子，这位医生失明后，靠着语言和触摸继续工作，依然能够做出准确的诊断。
19. 关于暴力及作为其极端表现形式的酷刑，我将在下文中讲到，参见第二章第一节和第四章第四节。
20. Sherry Turkle: *Alone Together: Why We Expect More from Technology and Less from Each Other*, New York 2011, S. 1.
21. Sylvie Consoli 在 *La tendresse* 中也将重点放在能让人感到愉悦的皮肤接触上。
22. 关于皮肤电阻能够代表被触摸者真实感受的说法参见 Sylvie Consoli 的著作 *La Tendresse*，第 35 页。
23. 皮肤的饥饿感是通行的术语，参见 Suzanne Degges-White: *Skin Hunger. Why you need to feed your hunger for contact*, in: *Psychology Today*, 7.1.2015。
24. Margarete Moulin: *Millionen verweigern sich Berührungen*, in: *taz*, 30.4./1.5.2016.
25. 同上。
26. DIE ZEIT, 16.4.2016.
27. DIE ZEIT, 24.5.2016.
28. 从这个意义上说，妈妈手指的敏感触觉显然是无可替代的，是无敌的：一款名为 Cica 的面霜在 2018 年冬季打出了“像妈妈的抚摸一样治愈”的广告，图中的妈妈正用指尖轻抚孩子的鼻尖。

29. Tobias Haberl: *Anfassen, Berühren, Streicheln*, in: *Süddeutsche Zeitung*, 17.10.2008.

30. Sylvie Consoli 认为，按摩服务的迅速发展说明今天的人希望能够在性之上多一重可控的温柔，同时他们也刻意去这样做了。见 Sylvie Consoli: *La Tendresse*, S.138。

31. 2004 年前后，在纽约这个拥有大量单身者的城市第一次出现了拥抱派对，这个活动的目的是让互相不认识的人能够在没有性企图的前提下享受身体带来的温暖。因为这个现象出现的时间已经比较长，我在本书中就不用专门的章节讨论。《时代周报》曾在 2017 年 2 月 1 日刊登过一张“拥抱派对地图”，上面标记出 2016 年举办拥抱派对的 52 个地点，这些地方主要位于德国西部。更详细内容可参见 www.alle-kuschelpartys.de。

32. Grunwald: *Homo Hapticus*, S. 155.

33. 2016 年，我的同事 Caterina Lobenstein 曾在地中海的难民营救船上工作。她说专业救援人员通常都是戴着手套的，不过，在把人从海里拉上来的时候，他们中的很多人都会本能地摘下手套，似乎他们突然意识到，陷入困境的人希望抓住的是一只手，而不是手套。

34. 参见 Consoli: *La tendresse*, S.114 f。暂且不论我在这里想要讲述的情感丰富的现代社会有什么特别之处，手和脚对人来说本来就是非常敏感的部位 : 神经科学为我们勾勒出人的身体在大脑中的模样，在这幅图中，人的手指很长，脚很大，而身体、胳膊和腿则都非常短小。人的手和脚经历的事，对于大脑是决定性的，反之亦然。而且不仅是手和手指，脚和脚趾也值得我们特别关注，因为脚和脚趾同样也是感知外界的器官。然而，我没有单独用一章来写脚，这并非偶然。因为我在本书中主要探讨的是与他人的身体接触，在这个方面，脚被使用到的情况要比手和手指少得多。所以，我只是在这条注释中提到了脚的问题。本书的第四章第三节谈到疼痛这个话题的时候，我将再次提到脚的问题。

35. Duden, Stichwort: *Fingerspitzengefühl.*
36. 参见本书第二章。
37. 参见 Lynn Hunt, *Inventing human rights*, New York/London 2007, S. 211 f。Andrea Sangiovanni 在他的 *Humanity Without Dignity* 一书中特别关注了残忍这个话题，从中能够看出，现代道德不可接受的就是对弱势群体的脆弱的滥用。
38. 德里达在 *On Touching* 中特别强调了康德如何从"手"和指尖的敏感触觉上看出了人的特性："如果是大自然让我们拥有了手，那它就只是给了我们手；大自然让人拥有这样体现人特性的东西，同时也就许可了人可以自我创造，特别是通过一些客观的知识。"
39. Barbara: *Es war einmal ein schwarzes Klavier. Unvollendete Memoiren*, Göttingen 2017, S. 129.
40. Helmuth Plessner: *Grenzen der Gemeinschaft, Eine Kritik des sozialen Radikalismus*, Frankfurt a. M. 2002 (zuerst 1924), S. 107.
41. 同上。
42. 在对这本书的一篇评论中，我写下了最初的一些想法，参见 Elisabeth von Thadden: *Fingerspitze ohne Gefühl*, in: DIE ZEIT, 11.1.2018。
43. Philipp Sarasin 有一本很有说服力的著作，讲述了美国人恐惧的来源，见 Philipp Sarasin: *Anthrax. Bioterror als Phantasma*, Frankfurt a.M. 2004。
44. 受伤的指尖这个意象有多重含义，例如美国目前的生物识别技术的推广，完全忽视了没有指纹的公民。
45. John Green: *Schlaft gut, Ihr fiesen Gedanken*, S. 191.
46. 同上，S. 251。
47. Andreas Bernard 介绍了现代社会对生殖的认识，见 Kinder machen. *Neue Reproduktionstechnologien und die Ordnung der Familie*, Frankfurt

a.M. 2014, S. 27–77。

48. 在此处及以下的论述中，我的观察对象仅限于当代西方社会。不过，网络性爱似乎已经消除了地理界限，而且还不仅仅是在我们这里，正如 Katharina Kakar 在 *Frauen In Indien* (München 2014) 一书中关于女性性行为的章节里详细论述过的那样。我在这里把女性性行为作为例子，是将其视为数字化的后资本主义多元社会新发展趋势的代表，这种发展正在打破所有传统界限。今天，互联网已成为印度年轻女性的知识来源，数字色情产品也很常见。Katharina Kakar 以古吉拉特邦一个家庭妇女如何在无聊中以色情漫画满足自己的性饥渴为例，对当今的社会状况进行了精彩的论述。

49. Volkmar Sigusch: *Das Sex ABC. Notizen eines Sexualforschers*, Frankfurt a. M. 2016, S. 57.

50. Volkmar Sigusch: *Sexualitäten. Eine kritische Theorie in 99 Fragmenten*, Frankfurt a. M. 2013, S. 566.

51. 同上 , S. 340 ff。

52. Eva Illouz 的著作 *Der Konsum der Romantik. Liebe und die kulturellen Widersprüche des Kapitalismus* (Frankfurt a.M. 2005) 依然是研究现代人的欲望如何成为资本市场一部分的必读书。但是，Illouz 并没有谈到 Sigusch 所说的欲望所具有的自指性，她关注的是相互渴望的情侣。

53. Sigusch: *Sex ABC*, S. 180 ff.

54. Sigusch: *Sexualitäten*, S. 459 ff.

55. *Süddeutsche Zeitung*, 27.7.2017.

56. Sigusch: *Sexualitäten*, S. 567.

57. Sigusch 也强调了这一点 : *Sex ABC*, S. 28。

58. Sigusch: *Sexualitäten*, S. 565.

59. 详见本书第二章。

60. 在这里要特别提一下 Yuval Noah Harari 关于社会开始现代转型之前人的身体真实处境的几个例子：在法国，1692—1694 年大约有 200 万人死于饥饿，这个数字占总人口的 15%。1695 年，爱沙尼亚有五分之一的人死于饥饿；1696 年，芬兰有四分之一以上的人死于饥饿。参见 Yuval Noah Harari: *Homo Deus*, München 2017, S.12 ff。

61. Sigusch: *Sex ABC*, S. 139.
62. 在本章后文中会谈到。
63. Eva Illouz 为这种自我感觉独一无二，并且希望对他人也独一无二的强烈愿望创作了一部引起许多关注的著作：*Warum Liebe weh tut. Eine soziologische Erklärung*, Aus dem Engl. von Michael Adrian, Berlin 2012。
64. Sigusch: *Sex ABC*, S. 135.
65. Lars Montag 和 Helmut Krausser 于 2017 年创作的电影 *Einsamkeit und Sex und Mitleid* 非常巧妙地以悲喜剧的形式描述了这种复杂的处境。
66. 此部分内容来自 2017 年 12 月我与 Martin Grunwald 在莱比锡采访之后的通信，经授权转载。
67. Grunwald: *Homo Hapticus*. S. 245.
68. 上述引用经 Den Abdruck 授权。
69. Sylvie Consoli: *La Tendresse*, S. 261 ff. 以及 Grunwald: *Homo Hapticus*, S. 163 ff。
70. 这个说法来自精神病学家 Klaus Dörner 最新的著作 *Heimfrei ins Dienstleistungsjahrhundert*，Neumünster 2012。
71. 参见 Elisabeth von Thadden: *Wo helfen hilft*, in: DIE ZEIT, 19.4.2012。目前，老年问题专家 Andreas Kruse 在研究和政策建议方面做了大量工作，从老年人特殊的脆弱性中推断出整个社会的责任，老年人不应只是简单地被视为需要护理的人群。Kruse 强调高龄人群的易感染和反应能力，参见 Andreas Kruse: *Lebensphase hohes Alter. Verletzlichkeit und Reife*, Berlin/Heidelberg 2017。
72. 没有孩子的单身族或丁克家庭也将产生护理的需求。仅在 1999—2014 年，没有孩子的已婚夫妇数字就已经从 950 万增加到 970 万，而有孩子的夫妇数字则从 1000 万降低到 780 万，见 Sechster Pflegebericht der

Bundesregierung, Dezember 2016, S. 22.。

73. 同上 , S. 19。
74. 同上 , S. 19 ff。
75. Statistisches Bundesamt 2016.
76. 见 Klaus Dörner: *Heimfrei ins Dienstleistungsjahrhundert*，Neumünster 2012。
77. 根据最新数据，93% 需要护理的人是由家庭亲属照顾，这方面的性别差异显著：家庭中负责护理的人有四分之一是男性，四分之三是女性，见 Pflegeberichts der Bundesregierung 2016, S. 22。
78. Siebter Altersbericht der Bundesregierung 2016, S. 185.
79. 另见我最后一次拜访这对老夫妇的报告，以及写给他们的纪念文章 *Luft und Liebe*, in: DIE ZEIT, 22.9.2007， 以 及 *Über den Tod hinaus*, in: DIE ZEIT, 28.9.2007。
80. 另一个最新的例子是 Helen Mirren 和 Donald Sutherland 主演的影片 *Das Leuchten der Erinnerung*，虽然从艺术的角度上看，这部片子并不是很与众不同。该片于 2018 年初上映，讲述了一对老夫妇如何与自己的失智症以及记忆的消失抗争。
81. 关于这部电影及其人物也可参见 Elisabeth von Thadden 对 Philippe Bozzo di Borgo 的采访 *Wir sind Brüder*, in: DIE ZEIT, 29.11.2012，以及 *Wo Helfen hilft*, in: DIE ZEIT, 19.4.2012。
82. 数字来自联邦政府最新的护理调查报告。
83. 参 见 Caterina Lobenstein: *Warum verdient Frau Noe nicht mehr?* in: DIE ZEIT, 7.12.2017。几十年来，年轻男性在替代兵役的社区服务中主要做的都是这类通常由女性完成的工作。显然，社会常态的变化也是促使人们更加关注弱势群体的原因。所以，从政治角度我们也可以考虑，是否应将从事几年的护理工作当做公民获得养老金的条件。
84. Martin Buber: *Begegnung. Autobiografische Fragmente*, Heidelberg 1978, S. 90.

第二章 不受伤害的权利

1. 福柯在他的著作 *Überwachen und Strafen* (dt. von W. Seitter, Frankfurt a.M. 1977, S. 9 f.) 开篇就描述了这一公开实施酷刑和处决的场景。我在这里只是复述而已，因为它最能让我们看到 18 世纪大事件的情形。福柯论述了从那时起，侵犯身体的形式在发生什么样的变化：紧随酷刑、监禁和刑具之后的是兵营、流水线和学校的板凳（今天也包括了数字跟踪和整形手术，详见本书第四章）。我们仅用一个注释，显然不可能在有关现代人身体所享有权利的一章中尽述福柯的这部著作，但我还是这样做了，为的是保证思路的完整。福柯的权力论让我们看到现代的社会机器如何将人的身体纳入自己的秩序之中。福柯将权力视为历史的强大主体，人则被变成了这个历史的客体。我研究的对象则不一样：我感兴趣的是主体与世界之间、理念与实践之间、希望与现实之间、经验与理念之间、权力与权力批判之间的交互关系，它们因对方而生，并且在不同的地方、不同的时间，都是不一样的。
2. J. J. Rousseau: *Diskurs über die Ungleichheit*. Kritische Ausgabe des integralen Textes von Heinrich Meier, 3. Aufl., Paderborn 1993, S. 141.
3. 同上，S. 59。
4. Immanuel Kant: *Ideen zu einer allgemeinen Geschichte in weltbürgerlicher Absicht*, in: Werkausgabe Band XI, hg. von W. Weischedel, Frankfurt a. M. 1977, S. 42.
5. 法律性和广泛性虽然是当下的新特征，但它们也是有前身的，例如 1679 年的“人身保护令”，该保护令已经规定了不被王室任意逮捕的自由。
6. 很少有人能像日内瓦商人 Henri Dunant 那样用让人难以忘怀的方式去试图弥合理想与现实之间的鸿沟。1859 年 6 月 24 日晚，他碰巧来到了 Solferino 的战场，在那里，3 万名垂死的伤者哀嚎着，无人照管。Dunant 记下自己所看见的场面：“一个面目全非的士兵躺在那儿，舌头从破碎的下巴垂在外面。我用水润湿他干裂的嘴唇和舌头。还有一个不幸的人被剑削去了一部分的脸，鼻子、嘴唇、下巴跟头的其他部分分离。” Dunant 安排人照顾这些伤者。Castiglione 的妇女们本着现代理念下的手足情谊照顾这些人：“他们都是兄弟。” 正是这种不坐视他人受苦的善行促成了红十字会的诞生。

7. 仅举一个如今已经被人遗忘的例子：在一战结束 100 周年之际，作家 Pankaj Mishra 曾在文章中回忆了那些加入殖民者军队，并去很远的战场上为英国、法国或意大利而战，后来死在欧洲的战壕里的中国人、越南人、印度人、尼泊尔人、塞内加尔人和摩洛哥人。见 *Wilde, Räuber, Lumpen*, in: Lettre International, Nr.120, März 2018。

8. 历史学家 Reinhart Koselleck 的著作 Vergangene Zukunft. *Zur Semantik geschichtlicher Zeiten* (Frankfurt a.M. 1979) 为理解现代性提供了这些概念，由于现在我们面临的人权困境，它似乎比以往任何时候都更具话题性。Stefan Ludwig Hoffmann 所著的 *Geschichte der Menschenrechte* 详细阐述了这一想法。

9. Hans Joas 利用这样的例子，回答了对他的著作 *Die Sakralität der Person* (Berlin 2015) 的批评，见 Hans Joas: *Sind die Menschenrechte westlich?*, München 2015, dort S. 26 f。他在后一部作品中论述了启蒙时代中，人如何越来越被理解为是具有某种不可侵犯的神圣性的，这当然也是因为受到了宗教的影响。

10. Bernd Ladwig 将这条道路简要地描述为对人权的两种解释，见 *Zwei Wege der Begründung von Menschenrechten*, in: *Die Unversehrtheit des Körpers*, hg. von Sibylle van der Walt und Chr. Menke, Frankfurt a.M./New York 2007, S.187–214；也见本章下文。Steven Pinker 关于世界范围内暴力现象在减少的论断存在争议是很正常的，参见 Eva Illouz: *Gezähmte Barbaren*, in: DIE ZEIT, 22.12. 2011。但是生物遭受的痛苦正在减少是现代社会的基本特征之一，对于这一点是没有争议的。

11. Hans Joas 证明在各种思想传统中广泛存在着人权思想的基础，这并非是西方独有。参见 Hans Joas: *Sind die Menschenrechte westlich*? , S.

74 f。也可参见 Jan Eckel: *Die Ambivalenz des Guten, Menschenrechte in der internationalen Politik seit den 1940ern*，Göttingen 2014, dort vor allem der erste Teil, S. 47-343。

12. Joas 讲述了阿尔及利亚的这场审讯，参见 Hans Joas: *Are human rights west?* S. 64。关塔那摩还在学界引发了对发生在西方现代社会核心中的酷刑丑闻的探讨，见 Menke 和 van der Walt 的论文集 *Die Unversehrtheit des Körpers*。
13. Martin Greschat: *Die Zusammenbruchsgesellschaft*, in: Ellen Ueberschär (Hg.): *Deutscher Evangelischer Kirchentag. Wurzeln und Anfänge*, Gütersloh 2017, S. 19–51.
14. 同上 , S. 37。
15. 《基本法》主要规定了反抗国家的权力和在法律、行政等方面执行宪法的义务。
16. GG, Artikel 2, Absatz 2, S. 1. 引自 *Grundgesetz für die Bundesrepublik Deutschland*, hg. von der Bundeszentrale für politische Bildung, Bonn 2010。
17. Volker Epping: *Grundrechte*, 4. Aufl., Heidelberg 2010, S. 44.
18. 同上。
19. GG, Art. 1, Abs. 3.
20. GG, Art.1, Abs.1 bzw. Art.1, Abs.2 bzw. Art.2, Abs.2, S.2.
21. 在这里无法详述《联合国宪章》各个段落所代表的传统，但它们是有自己的历史的，例如，禁止任意逮捕来自 1679 年的人身保护令。参见《联合国宪章》的在线版本：www.menschenrechtserklaerung.de。
22. 参见 J.J. Rousseau: *Emile*, 5. Buch, Sophie oder die Frau. Nach der deutschen Erstübersetzung von 1762 überarbeitet von S. Schmitz, München 1979, S. 522。
23. Jan Eckel: *Die Ambivalenz des Guten. Menschenrechte in der internationalen Politik seit den 1940ern*, Göttingen 2014, S. 809.

24. 关于起诉权以及法律的要求与政治现实之间的距离，参见 Ingo Venzke: *In wessen Namen? Internationale Gerichte in Zeiten globalen Regierens*, Berlin 2014, dort besonders S. 85–96。
25. 参见 Stefan Ludwig Hoffmann: *Rückblick auf die Menschenrechte*, in: Merkur, 71.Jg., Jan. 2017, Nr. 812, S. 5–20；以及 Didier Fassin: *Das Leben. Eine kritische Gebrauchsanweisung*, Berlin 2017。Hoffmann 对出现去政治化趋势的判断与 Fassin 一致：“如果女性将自己表现为受创伤的身体，而不是政治法律主体，那么她们也更有可能通过避难权审核。”出处同上，S.17。
26. 我们并不能通过论战证明《世界人权宣言》仅在有限范围内对西方国家有效，在西方国家的殖民地是无效的。
27. Hoffmann: *Rückblick*, S. 17.
28. Fassin: *Das Leben*, S. 103.
29. 在此处应该讲述一下奴隶制，因为这种制度在启蒙时代蓬勃发展，在作为其基础的经济形式中，奴隶制仍在以残忍的体罚形式发挥着重要的作用。我在这里要再提一下 Hans Joas，他在 *Are Human Rights West*? 一书中用一章内容专门讨论了这个问题。
30. Lynn Hunt: *Inventing Human rights. A History*, New York/London 2007, S. 35–70.
31. 英国哲学家 Andrea Sangiovanni 认为有充分的理由认为，目前这种共识在世界范围内几乎没有争议 :“现在几乎普遍认同我们在道德上是平等的。人类被认为拥有平等和不可侵犯的尊严或价值，这限制了任何代理人对他们的行为。”见 Andrea Sangiovanni: *Humanity Without Dignity*, London 2017, S. 72。
32. Hunt 指出，意见形成阶层的居住条件正在发生变化，人与人之间的空间距离拉大了，不需要再和别人共用一张床，自己的身体拥有了边界，同时他人身体的边界也更加清晰，参见 Lynn Hunt: *Inventing Human rights. A History*, New York/London 2007, S. 82。Hunt 在这里接受了 Norbert Elias 的观点。我接受这种观点是因为它适用于巴黎的精英阶层。但是对上层阶级以外的人群，这个论点并不适用。

33. 在共情的发展史中至少还有另外一条线索也应该在这里提一下，那就是对共情的形成产生了重要影响的苏格兰道德哲学，即亚当·斯密 1759 年的“道德情感理论”。

34. 毫无疑问，同情并不是从现代社会才开始的，它源自自然，并不仅仅来自人道思想。但是同情在 1750 年有了新的深度。Charles Taylor 通过构建现代人自我中的内心世界，使同情获得了新的品质，见 Charles Taylor: *Die Quellen des Selbst*, Frankfurt, 1996, S. 32。除了对历史新变化的认识外，同样重要的在于 Taylor 和 Hunt 一样，都强调了一点：共情在每个时代的每个社会中都存在。现代社会理念和感受中不同于以往的是对内心力量的认识，以及共情通过法律形式获得的普遍适用性。

35. Michael Ignatieff: *Politik der Menschenrechte*, Hamburg 2002.

36. Encyclopédie, Band 5 (1751), Artikel *Douleur*.

37. Friedrich-Wilhelm Kantzenbach: *Herder, Reinbek* b. Hamburg 1970,S.51 f.

38. 相关历史背景见 Gerhard Kaiser: *Aufklärung, Empfindsamkeit, Sturm und Drang*, 6. Auflage, Stuttgart 2007。

39. Hunt: *Inventing Human Rights*, S. 138 ff.

40. Heinrich Popitz: *Phänomene der Macht*, 2. Aufl., Tübingen 1992, S. 15; 更多内容见 Michaela Christ: *Auf Entdeckungsreise –Heinrich Popitz? Phänomene der Macht*, in: *Soziale Passagen. Journal für Empirie und Theorie sozialer Arbeit* 2/2010, S. 251–254。感谢 Michaela Christ 指出 Popitz 的思想对本书的帮助。

41. Heinrich Popitz: *Phänomene der Macht*, S. 15.

42. 同上，S. 25。

43. Gesa Lindemann 参考 Popitz 的观点，将暴力和可伤害性归入社会学的主题，参见 Gesa Lindemann：*Weltzugänge: Die mehrdimensionale Ordnung*

des Sozialen, Weilerswist 2014, S. 245–291。

44. Heinrich Popitz: *Phänomene der Macht*, S. 25.

45. Bernd Ladwig: *Zwei Wege der Begründung von Menschenrechten*, in: van der Walt/Menke, *Die Unversehrtheit des Körpers*, S. 187–214.

46. Heinrich Popitz: *Phänomene der Macht*, S. 17.

47. Ladwig, a. a. O., S. 212.

48. Johann Wolfgang von Goethe: *Gedichte und Epen*, in: *Werke, Hamburger Ausgabe*, Band 1, hg. von Erich Trunz, München 1982, S. 27 und Anmerkung S. 460.

49. Epping: *Grundrechte*, S. 44.

50. Illouz 对这种不可避免的痛苦做了精彩的描述，见 Eva Illouz: *Warum Liebe weh tut. Eine soziologische Erklärung*, Aus dem Engl. von Michael Adrian, Berlin 2012。

51. 18 世纪几乎就在发现了同情和爱情的同时，也看到了虐待狂的存在，这一点与我们这里所说的并不矛盾。Lynn Hunt 通过精彩的论述让我们看到了现代历史发展的另一条轨道：从 1750 年之后，折磨、暴力和残忍也一直是现代思想的思考对象。因为从这些方面，我们也能够发觉自己的力量。

52. Charles Taylor 在他的著作中强调了这一点，见 Charles Taylor: *Innerlichkeit* seines Werks *Quellen des Selbst*, S. 207– 354。

53. 实现爱情这一想法绝不只是狄德罗的乌托邦。Peter Gay 在一本书中讲述了 19 世纪市民阶层的爱情，他们的爱是相互的，而且在婚姻中也一样。在本节中，我想强调身体痛苦是能够避免的，而在之前的历史中，这被认为是不可避免的。至于为什么会有很多人要主动在痛苦中体验情欲，并且认为暴力可以很性感，那是另外一回事。

54. Martha Nussbaum 在她的著作中详细描述了这场革命，见 Martha Nussbaum: *Political Emotions. Why Love Matters For Justice*, Cambridge, Massachusetts 2013。她在赫尔德、卢梭和莫扎特的平等思想之间建立

联系，其中兄弟情谊和现代意义上的爱情克服了旧的权力体系。不过，Nussbaum 是很坚决地从女性的角度出发在看这个问题，而地位之争在男性之间依然在继续。

55. Volkmar Sigusch 的研究也对这个问题起到了重要作用，见本书第一章。

56. Popitz: *Phänomene*, S. 16.

57. Martha Nussbaum: *Creating capabilities, The Human Development Approach*, Cambridge MA 2011, S. 33f. Nussbaum 的论述从身体及其完整性开始，但她将这个问题放在全人类的大背景下去看：政治和法律应该使参与、教育和获得财产成为可能。Nussbaum 是从身体开始她的论述，所以我将她放在本节论述的中心。

58. 我认为，Katharina Kakar 关于印度女性生活的研究著作 *Frauen in Indien*（München 2015）是具有无可比拟的重要性的。Kakar 同时也写到，根据世界卫生组织的估计，全世界有 29%—62% 的女性曾遭遇家庭暴力，在印度这个巨大国度的一些地区，这个比例能够达到 59%。在谈话中，Katharina Kakar 始终将关注点放在印度妇女以下这类处境上："对贫穷、低种姓女性性行为的研究表明，几乎所有人都觉得性生活痛苦和不舒服。这些女性将性交称为'工作'，女性会将感情从男人转移到儿子身上并非没有道理。歧视最可怕的表现是杀害新生女婴，跟脆弱一样，这都是印度社会中最糟糕的毒瘤。女孩的死亡率高于男孩，女婴的母乳喂养时间和频率低于其兄弟，女孩获得教育和健康的可能性仍然较少。这就是为什么中产阶级女性……会成为社会变革引擎的原因。她们为女权而战，不过也有研究表明，对歧视的主观感受并不像实际中的痛苦那么强烈，能够用关注来平衡被歧视感的依然是家庭。"引文出自 *Das Andere sehen lernen. Elisabeth von Thadden im Gespräch mit Katharina und Sudhir Kakar*, in: DIE ZEIT, 31.8.2006。Katharina Kakar 在她的书中还指出，对妇女实施的暴力绝不只是来自她们的丈夫，其中也包括婆婆，以及丈夫家的其他女性，参见 Katharina Kakar: *Frauen in Indien*, München 2015, S. 88 ff。

59. Nussbaum: *Creating Capabilities*, S. 33.
60. 同上 , S. 33 ff.
61. 当然，查尔斯·狄更斯的《雾都孤儿》或者戈特弗雷德·凯勒笔下的小梅里特已经是关于儿童所受苦难的经典文学作品，但关于这种苦难中的性和虐待却直到不久之前才不再是禁忌的话题。
62. 犯罪学家 Christian Pfeiffer 认为我们今天已经能够看到其中的关联，在德国，针对儿童的暴力事件显著减少，发生在儿童和青少年之间的暴力事件也显著减少。性虐待少于以前（但发生在数字世界中的暴露事件则不同），针对性虐待的起诉比以前增加。青少年的自杀率也在下降，见相关报道 Roland Preuss/Ronen Steinke: *Mehr Sensibilität*, in: Süddeutsche Zeitung, 22.1.2018。Pfeiffer 让我们看到遏制日常生活中的暴力（不同于来自国家或者战争的暴力）能够带来的积极效果，其中包括性谋杀和其他类型谋杀的减少。Pfeiffer 认为这种改善与虐童事件和残酷的儿童教育的减少直接相关。最新的相关报道见《时代周报》的犯罪历史特刊 *Mörder und Gendarm, Januar* 2018, S.106 f。在那篇文章中，Pfeiffer 也让我们看到对于暴力的感知与实际中的暴力之间存在多么大的差异：只有 5%—10% 的人认为凶杀案呈下降趋势，但事实的确是如此的。之所以会有这种错觉，Pfeiffer 认为是源自媒体对暴力的报道。
63. Robert Seethaler: *Ein ganzes Leben*, Berlin 2014, S. 19.
64. 同上。
65. Michael Hagner: *Der Hauslehrer. Die Geschichte eines Kriminalfalls*, Frankfurt a.M. 2010. Vgl. 详见 Elisabeth von Thadden: *Brutalste Aufklärung*, in: DIE ZEIT, 30.9.2010。
66. Popitz: *Phänomene*, S. 15. Vgl. dazu oben, Kap. 2.3.
67. 我们要提的依然是 Katharina Kakar 对印度妇女生活状况的研究，她的研究特别生动地展示了这种差异：今天印度妇女得到的法律保护可以说是非常好的，Kakar 甚至认为是很“优秀”的，但是社会对暴力的谴责依然不足。参见 Katharina Kakar: Frauen in Indien, München 2015, S. 94。

68. *Der Spiegel*, 27/1987.
69. 我想至少利用一条注释来扩展一下这些过于简短的案例，以便我们能够了解联邦德国在短短的时间内所取得的成果（尽管比东德滞后许多）：从 1969 年开始，通奸不再受到法律的惩罚。随着 1973 年的大规模社会自由化改革，所谓的“禁拉皮条法”被废除，引诱 16 岁以下未成年人要受到法律惩罚，对强奸的最低刑罚加倍。1997 年，性侵的涵盖范围扩大。2004 年，对被监护人、儿童性侵的处罚力度大幅增加。还有一些最新的来自国际方面的例子：直到 2014 年 5 月，女性组织 terre des femmes 才收集到了 3 万个签名，抗议在“无保护情况下”强奸仍然可能逍遥法外的情况。直到 2014 年 8 月 1 日，《伊斯坦布尔公约》，即《欧洲委员会防止和反对针对妇女的暴力和家庭暴力公约》才生效，该公约要求成员国惩罚性暴力行为。
70. *Der Spiegel*, 27/1987.
71. Volkmar Sigusch: *Sex ABC*, S. 109. 40 年后，这一比例只有 30%。
72. Thomas Fischer 在 2017 年 12 月 5 日的《时代周报》在线专栏中讲到了这个例子。
73. Christian Pfeiffer: *Wir spüren unsere Ängste. Gespräch mit Rebekka Habermas*, in: ZEIT-Geschichte 1/2018, S. 106–111, dort S. 109.
74. 这种婚姻和身体方面的非自愿还远远未消失，继续对德国的几代人产生着影响。看一下下面这些事实，我们就会更清楚：那些直到上世纪 60 年代中期依然毫无怨言地生活在这种婚姻现实中的女性，至少是集妻子、母亲、女儿三种角色为一体的。她们大约出生在 1935 年前后，是伴着生育高峰来到人世的那些孩子的母亲。今天，那些五十多岁、占据着社会重要位置的女性，特别是其中的法律工作者，要为身体争取不受伤害的权利。此外，她们的父母还曾在上世纪 30 年代被纳粹指挥着对自己的孩子严格管教，这些孩子经历过防空洞、逃亡和饥饿。

今天，这些女性年过八十，进入高龄、无比脆弱的她们经常是需要别人护理的。护理又意味着身体接触：虽然是来自别人提供的帮助，比如喂饭、清洁身体或者换纸尿裤。身体能够记住这样的经历，它是有记忆的，这一点，我们能够在 Thomas Fuchs 或 Joachim Bauer 最新发表的作品中读到。

75. 联邦共和国政府的警察犯罪统计，参见 *Jahrbuch 2016*, Band 2, Wiesbaden 2016, S. 10。
76. 未报告的案件数量很多，据联邦政府独立专员 Johannes Wilhelm Rörig 估计，如今约有八分之一的成年人遭受过性暴力。他认为这已经达到了“普遍疾病的维度”。转引自 Patrick Gensing，数据来自 28.1.2018, tagesschau de。
77. 例如 ProAsyl 等机构就认为当前关于将性侵作为申请庇护理由的表述还不够充分。
78. 此处内容来自我与 Benslama 的谈话，该谈话的编辑版曾于 2017 年 3 月 30 日刊登在《时代周报》上。
79. Fethi Benslama: *Der Übermuslim. Was junge Menschen zur Radikali- sierung treibt*. Aus dem Franz. von Monika Mager und Michel Schmid,Berlin 2016, S. 95 f.
80. Harriet Taylor und John Stuart Mill: *Die Unterwerfung der Frauen*. Ausdem Engl. v. Jenny Hirsch, in: John Stuart Mill: *Ausgewählte Werke*, hg. von Ulrike Ackermann, Band 1, Hamburg 2012, S. 439–561. Andreas Zielcke 在“Me-too”辩论中提醒我注意这段文字。
81. 在这一点上，这个青年人与我在本书开头写的耶拿“天堂”火车站广告海报上的肥皂泡没有什么不同。
82. Balzac: *Die Frau von dreißig Jahren*. Aus dem Franz. von Konrad Harrer, Stuttgart 1992, S. 42.
83. 同上，S. 53。
84. 同上，S. 39。

85. 同上，S. 55。
86. Balzac: *Die Physiologie der Ehe*, Leipzig 1903, S. 150.
87. John Stuart Mill/Harriet Taylor: *Die Unterwerfung der Frauen*, S. 440.
88. 同上，S. 452。
89. 同上。
90. 直到 1875 年 2 月 6 日，德国的《婚姻状况及结婚登记法》中才首次规定了婚姻自由。历史学家 Carola Lipp 对符腾堡地区库亨纺纱村进行了深入的研究，让我们看到 1860 年前后，工人们如果不顾贫穷，依然违法结婚意味着什么：没有公民权的人是不能结婚的，工人们的身份依然是单身，而且会花费掉他们三年的薪水，攒不下钱的话，后果很严重。非婚性生活会被视为通奸而受到惩罚。如果没有公民身份的穷人中，依然有人不顾各种禁令作为夫妻生活在一起，而且还生儿育女的话，那就得有违法的决心。就像石匠 Jacob Grabis 一样，警察缉捕了他 18 年，他是 Pauline Maier 的情人，是她三个孩子的父亲，而且他还对这几个人履行着“父亲的责任和忠诚的义务”。国家机器为了分开这一对非法夫妻，用了各种办法，但都是徒劳。显然，个人生活始终也是跟政治相关的。
91. Zacharias Wertheim: *Medicinische Topographie von Wien, Leben und Überleben im Biedermeier*, Wien 1999, S. 85 f.
92. Mill/Taylor: *Die Unterwerfung der Frauen*, S. 454 ff.
93. 不过，穆勒夫妇在平权的基础上得出的这种激进的结论并不应该被视为对那个时期的完整刻画。Peter Gay 在他非常成功的著作 *Die zarte Leidenschaft* 中论述了公民时代的爱情，他的作品让我们看到完全不同的另外一幅图景，里面充满了柔情、好感和激情。
94. Kant: *Idee zu einer allgemeinen Geschichte*, S. 42.
95. 弗洛伊德的这些发现我曾经在一篇文章中进行过详细的讨论。参见 Elisabeth von Thadden: “War Freud ein guter Vater?”, in: DIE ZEIT, 27.5.2010。

96. *Süddeutsche Zeitung*, 27.7.2017.

第三章　保持距离

1. Thomas Nipperdey: *Deutsche Geschichte 1866–1918*, 1. Bd., *Arbeitswelt und Bürgergeist*, München 1990, S. 142.
2. Clemens Zimmermann: *Von der Wohnungsfrage zur Wohnungspolitik. Die Reformbewegung in Deutschland 1845–1914*, Göttingen 1991, S. 25 f., Nipperdey: *Deutsche Geschichte*, 1. Bd., S. 142.
3. 世纪之交时德国的这种状况已经为人熟知，也已经有很多人写过，因此在本书中不再另章论述。从 1900 年左右这些男性“寄睡者”每晚的几个小时睡眠，我们能够看到当初那些没有住所的人如何为了省钱，付一点钱去睡在别人的床上， 甚或是绳索上，还有柏林威丁区的工人家中，好几个孩子挤在一张床上，其中还有患痢疾的。我们在这里说的不仅仅是空间狭窄的问题，而是在饥饿、恶臭和死亡中没有尊严的生活状况。关于这些，杰克・伦敦在 1903 年左右对伦敦贫民窟的研究中记录了这一点，这是关于“底层人”生活的社会报道中里程碑式的著作。
4. Georg Simmel: *Die Großstädte und das Geistesleben*, in: ders.: *Das Individuum und die Freiheit*, Berlin 1984, S. 192.
5. 同上，S. 197。
6. 同上。
7. 我们对于“近”的理解受到了心理学因素的深刻影响，直到今天依然如此。有一个很有趣的现象，如果要说出自己的近旁有多少陌生人，我们的估计会与实际情况出现很大的偏差。如果我们问问身处难民危机中的欧洲人，有多少穆斯林生活在他们的社会中，会发现大家的回答差别非常大：在法国大约有 8% 的穆斯林，但是人们的估计值是 31%。在加拿大，实际的 2% 被估计成了 20%。在英国，实际的 5% 被估计成了 21%。而在德国，实际值和估计值分别为 6% 和 19%（数据来自 Jürgen Kaube: *Ignoranztabelle*, FAZ, 10.1.2015）。但是人们对于本国生活的基督徒数字估计是准确的，也就是说，我们只是在估计陌生人数字的时候会加入想象的成分。那么，是不是因为生活在居住空间宽敞的富裕社会里，人与人之间的空间距离大，才造成我们正确地判断谁离得太近，谁是陌生人呢？

8. Simmel: *Die Großstädte und das Geistesleben*, S. 201.
9. Hartmut Rosa 谈到了现代人通常希望不断扩大的影响空间。他分析中的最关键点是人们无法克制的对增长的追求。这种影响空间的扩大也意味着对他人靠近的抗拒，这一点在 Simmel 的文章中讲述得最为清楚。
10. 有趣的是，Lynn Hunt 在关于人权发展史的著作中同样也强调了作为特权的空间距离，因此我想利用这条注释，总结一下她在该书中用了两章的篇幅所论述的内容。Hunt 的问题是：为什么在 18 世纪中期，身体似乎突然对法律保护产生了需求？这种保护，它之前没有过，而且也没有要求过。Hunt 推测这是因为直到那个时候，身体才被视为一个可与他人分割开的完整个体。我们首先看到的是，富人们在睡觉的时候可以有自己的房间。在巴黎，三分之二的富人有独立的卧室，而且这并不只为了显示住宅空间大，这一点可以对比他们的餐厅——大约只有七分之一的房子里有独立的餐厅。因此，Hunt 强调说：从 1750 年前后开始，个人的身体至少在欧洲富人的心中是一种属于自己的、独立的新型尊严。因为直到那时，人与人之间才真正产生了空间距离，这使得人们有可能区分自己和他人身体，并可以希望身体不受伤害。Norbert Elias 认为，欧洲人身体边界的清晰从 14 世纪就已经开始了，虽然当时仅限于能够享有此项特权的少数上层社会群体，见 Norbert Elias: *Über den Prozeß der Zivilisation*, Bd.1., Frankfurt a.M. 1997, S. 35。对于本书来讲很重要的一点是，直到今天，这个过程在不同时间、不同地点依然在全世界各个角落继续发展。
11. Simmel: *Die Großstädte und das Geistesleben*, S. 200.

12. 此处暂且不讲个性化如何成为资本市场适应性竞争的一种不得已而为之，这个内容将放在下一章中详细论述。
13. Gerhard Matzig: *Es wird eng*, in: *Süddeutsche Zeitung*, 29.11.2017. 以及精神病学家和心理治疗师 Mazda Ali 的 *Stress and the City. Warum Städte uns krank machen. Und warum sie trotzdem gut für uns sind*, München 2017。
14. Die folgenden drei Absätze über den Film «Meine glückliche Familie» wurden in ähnlicher Form in der ZEIT gedruckt: Elisabeth von Thadden:*Und wer bist Du?*, in: DIE ZEIT, 12.7.2017.
15. 我不知道是否有研究能以可靠的实证方式将非自愿接触、暴力和生活空间相互关联起来。但是，有很多研究表明，当前居住条件下非自愿的局促与人的攻击性是相互关联的——就像孤独和对威胁的恐惧是相互关联的。Guido 曾在一份报告中讲到了大家目前对这件事的认识，见 Guido Kleinhubberts：*Immerhin kuschelig*, in Der *Spiegel* vom 1.4.2017。不过，文章也提到，仅从面积还不能说明住房的舒适与否，光线、自愿性和位置起着重要作用。不过，我们能够明显地看到身体生存空间不断扩大的趋势，同时，对身体的攻击行为也受到越来越多来自法律的关注。
16. Didier Éribon: *Rückkehr nach Reims*, S. 87 ff. Philippe Ariès 和 Georges Duby 主编的 *Geschichte des privaten Lebens* 第五卷讲述了法国自 20 世纪 50 年代初以来所经历的“革命”：1954 年的人口普查显示，在 1340 万套公寓中，只有 58.4% 有自来水，只有 26.6% 有室内厕所，只有 10.4% 有浴缸或淋浴和中央暖气。从 1953 年之后，住房中的独立主卧才成为常态。在这部关于居住的历史中，不仅仅是非自愿的身体接触，体味与拉开身体距离之间的关系也是一个内容。
17. Éribon: *Rückkehr nach Reims*, S. 87 ff.
18. Piotr Adamowicz: *Gdansk according to Lech Walesa*, Gdansk 2013, S. 33 f. (hier aus dem Engl. übersetzt EvT).
19. 见本书第 4 章。

20. Norbert Elias: *Über den Prozeß der Zivilisation. Soziogenetische und psychogenetische Untersuchungen*, Bd.1, Frankfurt a.M. 1997 (zuerst 1939), S. 315 ff. 另见本章注释 12。
21. All diese Zahlen und Daten verdanke ich Barbara Notheggers Buch über Wohnexperimente (dies.: Sieben Stock Dorf. Wohnexperimente für eine bessere Zukunft, Salzburg 2017), die eine Übersicht über neue Nachbarschaftsinitiativen bietet, ebd. S. 173. 关于 Notheggers 自己的住房项目，见本章后文内容。
22. 这个变化目前正在世界范围内发生。例如在中国，2002—2012 年，城市的人均居住面积从 24.5 平方米增加到 32.9 平方米，这还是在大量农村人口进入城市的情况下，农村人均居住面积的增长速度因而远高于城市（数据来自：澳大利亚储备银行：Housing Trends in China and India，2014 年 3 月季度公告，第 65 页及以下）。德国的人均居住面积为 45 平方米，是欧洲国家中全球排名最高的，尽管远远落后于美国的人均 75 平方米。我们可以比较一下：今天土耳其人均居住面积是 18 平方米，俄罗斯的是 22 平方米，尼日利亚的是 6 平方米（数据来自：DIE ZEIT, 30.4.2014）。
23. 有关 45 厘米这个最小距离的各种文化变体参见 Denise Jeitziner: *Eingepfercht*, in: *Weltwoche*, 5.5.2011。有趣的是，这一点并不适用于摇滚音乐会、俱乐部、公众观看足球世界杯或爱的大游行这类活动。显然，这种只是在某个时间点才会出现的彼此靠近与陌生人之间不受时间限制的亲近是有本质不同的。
24. 参见第 48 页及以下。
25. 只有一个人的家庭占所有家庭总数的 41%（在德国东部，即新的联邦州甚至更多，达到了 43.7%），两人家庭占家庭总数的 34.4%，三人家庭占 12.4%，四人家庭占 9.1%，五人以上的家庭仅占 3.3%。资料来源：联邦统计局。
26. 在 1945 年，大约 400 万流离失所者逐渐抵达的时候，东德大约 400

万套公寓中有 140 万套被完全摧毁或严重损坏。1961 年，东德人均居住面积为 16.7 平方米，到 1969 年仍然只有三分之一的公寓有浴室或室内厕所。东德解体时，一套 67 平方米的三居室新建公寓被认为是适合四口之家居住的。尽管迁出人口数众多，但德国东部的人均居住空间面积仍远少于西部，由此我们也能够看出德国东部发展较慢的事实：目前在下萨克森州，人均居住面积为 50.7 平方米，在梅克伦堡 - 西波美拉尼亚为 44.2 平方米。数据来自 Annette Kaminsky: *Illustrierte Konsumgeschichte der DDR*, Erfurt (Landeszentrale für politische Bildung Thüringen) 1999, S. 81 f., und Stefan Wolle: *Die heile Welt der Diktatur*, Berlin 1998, S.183 f。

27. 为了避免误解，在这里，我们没有理由含混委婉。2018 年初，德国有接近 100 万无家可归的人，这让我们清楚地看到，仅靠主动是不足以解决住房问题的。与他人共享住房涉及个人的生活空间，关于这个问题，我将在“自愿亲近”这一节中专门讨论。
28. FAZ, 3.6.2016.
29. Smarthome Duplex 网站。
30. 此处仅列举各种报刊上的一些文章：Dinah Riese: *Das reicht, taz*, 6.5.2017. Elisabeth Hessendörfer: *Zu dritt auf 14 m2, Eltern*, 1.6.2017. Christian Tröster: *Platz ist in der kleinsten Treppe, Welt am Sonntag*, 2.7.2017. Andrea Jeske: *Kleiner Raum, große Freiheit, Brigitte*, 2.8.2017. Jeanette Bederke: *Leben auf 17 m², Süddeutsche Zeitung*, 25.8.2017. Christine Mattauch: *Mini Wohnung, Maxi Rendite, Süddeutsche Zeitung*, 24.11.2017. *Bild-Zeitung*, ohne Autor: *So kommen Sie an ein Tiny house*, Bild, 8.10.2017. Den Anstoß gab: Guido Kleinhubbert: *Immerhin kuschlig, Der Spiegel*, 1.4.2017.
31. 关于这个话题，我在这里也只是转载了一些当前的文本，比如 Jane Brody: *How loneliness takes a toll on our health, New York Times*, 28.2.2018. Antje Schmelcher: *Ist der Mensch einsam, leidet die Demokratie*, FAS, 25.2.2018. Kathrin Klette: *Einsam trotz sozialer Netzwerke*, NZZ, 12.2.2018.

Jagoda Marinic: *Einsamkeit, Süddeutsche Zeitung*, 27.11.2018. Julia Schaaf: *Einsamkeit schädigt die Gesundheit*, FAZ, 21.1.2018. Giovanni Frazetto: *Einsamkeit funktioniert wie ein Filter*, Der Spiegel, 20.1.2018。

32. Van Bo Le-Mentzel 的迷你屋是源自美国的一场更大范围运动的一部分，该运动以环保的替代方案来对抗自 20 世纪 90 年代以来“越大越好”的思想。我在这里写到 Van Bo Le-Mentzel 的设计，是因为他将难民潮与自己的工作结合起来，是在近与远之间寻找平衡的最新努力。
33. 我在此引用的是他在 Reinhard Kahl 的纪录片中讲的话，本章稍后将对此进行讨论。
34. 参见网站 utopia.de。
35. 参见 Nothegger: *Sieben Stock Dorf*。在这本书中，Nothegger 对类似项目进行了概括性的介绍，对于正在考虑进行类似实验的人来说，这本书提供了非常宝贵的信息。此外，书中还有一个现代社会自愿共居形式的简短回顾，非常值得一读。从书中我们还能看到，很多新事物实际都并不是新出现的。对于以新的占有方式出现的居住形式，相关研究也发展得很快。在此仅列举其中一部非常有影响的著作，如由 Barbara Schönig 等主编：*Wohnraum für alle*，Bielefeld 2017。
36. 同上，S. 29 ff。
37. 在这方面，慕尼黑也是走在前面的。该市计划将多达 40% 的新住宅空间用于各类住宅项目。这是一种矛盾的进步，因为新建筑与现有居住条件下的人员密度不同。由于本书篇幅有限，无法对各个城市进行详细比较和单独介绍。我也无法详细探讨因城市人口集中造成的农村地区空间限制。我们可以毫不夸张地说，对于很多农村居民而言，空置的房屋所造成的压抑并不亚于城市居民因住房紧张而感到的不适。
38. Themenheft Bauen, *Wohnen Nachhaltigkeit*, Nr. 55, Juni 2011, S. 4. 不幸的是，我不知道德国有什么可比的价值。
39. NZZ, 8.12.2016.
40. 通常情况下，恐惧和危险之间没有联系，或者用住房和环境研究所一项研究中的话来说："让人恐惧的地方不是犯罪现场，犯罪现场也不是恐惧的所在。"

41. 65 岁以上的人中几乎有三分之二处于独居状态，85 岁及以上的人中有 85% 生活在自己家中。数据来自联邦政府 2016 年 11 月的第七次老龄报告。
42. Pflegebericht der Bundesregierung, Dezember 2016.
43. 数字来自老龄报告。我们当然希望老年人能够留在他们熟悉的环境中， 但是在这里，自愿的原则也很重要，所以如何使老人摆脱非自愿的孤独就是很值得思考的问题。建筑师 Freya Brandl 大致勾勒出到 2035 年，独身方式在维也纳可能产生的影响。到那时，超过 60 岁的维也纳人将多于 60 万名，据 Freya Brandl 估计，即便只有 10% 的人愿意改变，将他们的 100 平方米换成 50 平方米，也将为房地产市场的新居民创造 300 万平方米的净居住空间。
44 . Siebter Altenbericht, S. V ff.
45 . Vgl. dazu unten S. 112 f.
46. 在此应指出这种发展中与生态相关的一面，因为这也为现代社会的居住方式带来了新的变化。按照绿色和平组织的建议，人均居住面积应控制在 30 平方米。根据一项研究，减少居住面积目前排在节能和经济脱碳之后，在政治上优先考虑的节能项目中排在第三位。困难是众所周知的：人口结构的改变、家庭规模和生活水平的提高造成的结果是，德国三分之一的能源消耗来自建筑物及其排放。70% 的德国建筑时间已超过 30 年，且为私人财产，这些房子与能源相关的翻新率仅为 0.8%。见 Christina Newinger: *Energie.wenden. Chancen und Herausforderungen eines Jahrhundertprojekts*, München 2017, S. 50 ff。
47. Pflegebericht, S. 70.
48. 同上，S. 23。
49. Juliane Voigt: *Sloterdijks Sicht auf ein vielbeschriebenes Thema*, NDR 1,7.4.2016.

50. 参见本书第一章。
51. 作者们对这一研究的历史发展作了简要回顾：John T. Cacioppo/Stephanie Cacioppo/John P. Capitanio: *Toward a Neurology of Loneliness*, in: *Psychological Bulletin* 2014, Vol.140, No. 6, S.1464-1504。此外，自 2011 年 Sherry Turkle 的书 *Alone Together* 出版以来，对孤独的研究一直在蓬勃发展。我在这里只列举几个作为代表，包括 Olivier Remaud 的作品 *Solitude volontaire*（Paris 2017）；哲学家 Kerrin Jacob 的主页上也有关于孤独的一些文章，见 kerrin-jacobs.de。
52. 在这里，我依据的是 Cacioppo 和 Capitanio 的论著 *Toward a Neurology of Loneliness* 中对研究的综述。但是，我在这特意没有讲现在针对人的社会孤立状态出现的多种多样的论断：有些人认为，阿斯伯格症和自闭症是个体出现的"巧妙障碍"，证明了人的各异性（例如 Steve Silberman 登上纽约时报畅销书榜的作品）；在另一些人看来，这就是一个被滥用的标签，被用来引起关注（精神病学家 Allen Frances 写了许多关于它的批评文章）；还有一些人认为，这就是一种远离他人"令人毛骨悚然的生活"的新方式，为的是专注于自己和自己的工作。不过有一点是肯定的，这些新的形式不仅会出现在硅谷雇主们的搜索框中，也是医学和精神病学研究感兴趣的问题。从本尼迪克特·康伯巴奇完美饰演的反社会神探夏洛克的成功，反映出这些形式是具有吸引力的。但是，论断的多样性并不应该让我们忘记，在所有的流行和争论背后，自闭症的各种临床表现让我们不可能只是在这里随随便便地讨论这个问题。
53. 见 *Toward a Neurology of Loneliness*, S. 20 ff。
54. 同上，S. 1465 ff。
55. 巴黎的社会学家 Olivier Remaud 现在对这一观点进行了阐述，见 *Solitude volontaire*, Paris 2017。
56. Cacioppo u. a.: *Toward a Neurology of Loneliness*, S. 1497.
57. Sherry Turkle: *Alone Together*. Why we expect more from Technology and

less from each other, New York 2011. 给丽贝卡的信在书的前面。

58. Heinrich Heine: *Nachwort zum Romanzero*, in: ders.: *Werke*, Band 1, hg. von Martin Greiner, Köln 1956, S. 464.
59. Alessandra Lemma 和 Luigi Caparotta 于 2014 年出版了一本关于数字治疗的书，其中，Scharff 和 Gabbard 的文章特别值得一读，尽管文章里并没有多少实证的内容，但是他们观察到在对心理创伤的治疗中，数字技术创造的空间距离能够使治疗过程更容易。
60. 精神病学家 Thomas Fuchs 在 2014 年发表的一篇文章中描述了这种情况，见 Thomas Fuchs: *The Virtual Other. Empathy 190 Anmerkungen in the Age of Virtuality*, in: *Journal of Consciousness Studies*, Vol. 21, No. 5– 6, May/June 2014, S.169 f。
61. 这段对话的节略版本可以在 2015 年 4 月 15 日的 ZEIT 中找到。
62. 本部分内容来自 Vera King 的口述，经她授权收录在这本书中。详见 Vera King: *Geteilte Aufmerksamkeit*, in: *Psyche*, August 2018。
63. 这个术语我同意 Hartmut Rosa 的判断，他在 2005 年出版的 *Beschleunigung. Die Veränderung der Zeitstrukturen in der Moderne* 一书中全面阐述了这一点。

第四章 被驱逐的自我

1. 本书是从耶拿的“后成长式社会”研究会开始的，这个研究会将现代性理解为一个时代，在这个时代，加速和市场化推动着各种对提高和增长的追求，深刻影响着生活的方方面面：更多、更快、更强。参见 Klaus Dörre/Stephan Lessenich/Hartmut Rosa: *Soziologie-Kapitalismus-Kritik*, Frankfurt a.M. 2009。我在这里想要探讨的正是这种“不断向上的现代社会”对进入市场的脆弱身体所产生的影响。我想解释这个过程对市场上的脆弱身体的作用。Eva Illouz 在她关于自我的书中讲到了对治愈的持续需求如何决定着后现代时期自我的形象。在关于抗压能力的书中，Illouz 用与我的论证类似的方式，分析了经济因素驱动下作为对抗痛苦方式的自我隔离。参见 Eva Illouz: *Resilience*, in: *Le Monde*, 20.6.2016。不过，她关注的并不是狭义上的脆弱的身体，而是经济领域需要的对于愤怒、悲伤、痛苦或委屈等负面情绪的抵抗力。因为所有这些情绪都不适合完美乐观的劳动者。

2. 所谓“自我”，我在这里指的是这个词的日常意义，作为一个身心的整体，能够理解并感知自己是个体。我们也是在这个意义上说做自己、自己做，或是与自己和解。
3. 文化社会学家 Andreas Reckwitz 的书 *Gesellschaft der Singularitäten* (Berlin 2017) 就探讨了这个问题。Undine Eberlein 早在 2000 年就以 Einzigartigkeit 为标题发表了研究论文，揭示了现代社会中个人如何寻找或创造自我。
4. Eva Illouz 最新出版的 *Wa(h)re Gefühle* (Berlin 2018) 用一系列文章，探讨了消费与真实性之间的联系。
5. 在网站 20minuten.de 上可以看到由 Layla Zanchi 评论的图片和数字。
6. 精神病学家 Dagmar Pauli 的访谈，见 FAZ, 23.2.2017。
7. 国际美容整形外科学会（ISAPS）指出，2015 年所有整容手术中有 85.6% 是在女性身上进行的，乳房整形居于首位，这表明，女性对身体的不自信仍然明显不同于男性。Anna Katharina Messmer 的研究表明，女性接受手术是为了从外观上成为男性更好的性伴侣，参见专访文章 *Freitag*, 22/2017。
8. 这是目前所有整容手术中最受欢迎的手术，与前一年相比增加了 30%，参见 Julia Bähr：*Der Körper als Verfügungsmasse*, in: FAZ, 19.5. 2017。
9. 这里要顺带提一下，所有这些行业能耗都非常高。据推测，如果能够关闭这些与美容相关的行业，将客户送到旁边的森林散步，将会对欧洲的气候变化产生影响。
10. Laura Hertreiter: *Copy and Waste*, in: *Süddeutsche Zeitung*, 13./14.1.2018.
11. 其中包括用于“个人卫生和健康”的钱，这些项目没有更进一步细分。目前还没有更新的数据，但鉴于迄今为止的增长曲线，我们可以肯定地说现在是比过去要高的。数据来自联邦统计局网站，纸质版见 Factbook Einzelhandel, Neuwied 2012, S. 92。

12. Christiane Grefe 在接受 Tilman Sartorius 采访时，告诉了我们一些看不见的、几乎从未讨论过的（也几乎没有体现在政治方面）关于能源消耗的最新数据，见 *Der Stromhunger wächst*, in: DIE ZEIT, 1.2.2018。我在这里选择几个最具代表性的例子：在过去 10 年中，制造 70 亿部智能手机所消耗的能源相当于一个像瑞典或波兰这样大小的欧盟国家一年的总能耗。如果将互联网的能源消耗比作一个国家，将在全球排名第三，仅次于中国和美国。Stephan Lessenich 指出这种消费成本如何被转移到世界的其他地方，见 Stephan Lessenich: Neben uns die Sintflut. Die Externalisierungsgesellschaft, München 2016。
13. 总体目标就是要平滑，正如 Anna Katharina Meßmer 的论文 *Überschüssiges Gewebe* (Berlin/Heidelberg 2017) 中所讲到的。不过，对外阴这种特殊的器官，目标就变成了光滑和闭合。对于本书来说，下面这个悖论也很有趣：通过外阴整形术，人工将外阴开口缩小，是为了有可能在性方面保持开放态度。但是，由于其特殊的生理结构和肌肉组织，外阴实际上天生就具有这种矛盾的双面性——开放和闭合。
14. 见 Melinda Cooper 的研究报告：*Life as Surplus. Biotechno-logy & Capitalism in the Neoliberal Era*, Seattle/London 2008。
15. Steffen Mau 在他的论著 *Das metrische Wir* (Berlin 2017) 中讲到了这种技术社会的特殊性。根据最新数据，健康业的数字化在各个领域都呈现爆发式的增长，参见 statista Dossier Megatrends 2017, p.181 f。
16. 这些虽然很新，但在本书出版的时候肯定已经又过时了的例子来自 Sonja Banze 对数字化顾问 Christoph Bornschein 做的专访，见 ZEIT, 1.2.2018。
17. 参见 Volkmar Sigusch: *Sexualitäten*, S. 567。后现代时期的自我将所有的错误都归咎于自己，这是自我衡量的一个特殊之处，它将所有压力从外部转移到内部，转移到个人的内心深处。

18. Hartmut Rosa 的共鸣论就是从这一点上系统地引申出其他的视角，解释了市场及其对增长的追求之外，人与外界关系的基础，因为它拒绝了一切的目的性和功能性。共鸣既不能生产，也无法购买。我将在本章的最后详细地讨论这种思想。
19. Eva Illouz 在她的书 *Konsum der Romantik* (Frankfurt a.M. 2005) 中首次描述了可购买性和渴望之间的联系。
20. 这在阿尔卑斯山滑雪区受到好评的酒店中是很常见的。
21. 能够让身体向商品开放的就是这种舒适感。用漂浮在盐水中的方式进行的压力治疗，可以使人深度放松。性当然也可以提供这种服务，但最好是在能够掌控的范围内：几年前那部非常成功的小说三部曲《五十度灰》让我们看到，如果将情欲也僵硬地行政化，那么它就是可控的，而且是可以买卖的。
22. Juliet Schor: *Plenitude. The New Economy of True Wealth*, London 2010.
23. 这件事构成了反弹效应：网络购物并不会节省能源，而是会将其影响反弹到消费行为本身上，见 Christiane Grefe/Tilman Santarius: *Der Stromhunger wächst*, in: DIE ZEIT, 31.1.2018。
24. 基督教的核心思想之一就是认为人性在于人类的脆弱和弱点。
25. Marc Uwe Kling：*Qualityland*，Berlin 2017. 下文中将部分引用我对本书的评论，参见 Elisabeth von Thadden：*Bitte bewerten Sie mich jetzt*, in: DIE ZEIT, 1.11.2017。
26. 在传统的对现代社会的勾画中，上方的白昼代表理性，下方的黑暗代表危险的混乱，但是在 *Qualityland* 中则刚好相反，上方是彻底的疯狂，下方才是真正的生活。
27. Kling: *Qualityland*, S. 103.
28. 同上，S. 104。
29. 同上，S. 105。
30. *Qualityland* 刚登上畅销书排行榜不久，瑞典政府就在“Me-too”大讨论的背景下，宣布当事方在性交前表示同意从法律角度是有必要的。

所以我认为应该在这里强调一下，如果就像我在第二章中讲过的那样，整个现代转型期都在对性行为进行法律规约，那么我们也不必因为今天又多了自愿同意这一项规定而感到愤怒。Marc Uwe Kling 在 *Qualityland* 中用艺术的方式对这个现象进行了荒诞的夸张处理，将现代人各种身体斗争所面临的窘境个别再现，让我们看到严格的法律规定不仅能够消除不公正，也会同时消灭人的情欲。

31. 这些可对应于 Hartmut Rosa 理论中的共鸣域，这样的对应并非巧合，在现代社会中，正是这些共鸣域让自我能够感知自身的生命力。

32. 这是一个古老的童话主题的变种：对弱者表现出同情心的主人公因此在完成自己的任务时获得了超人的力量，例如格林童话中的七里靴。但是，这些被解救的机器却有一个特别之处，那就是它们也参与了对主角的帮助："人类应该解放机器，好让机器能够报答人类。" Dietmar Dath 在他的作品 *Maschinenwinter* 中这样写道。因为机器中有人类的劳动，这一点不应该在具有破坏性的技术帝国中被羞辱。Kling 作品中的主人公彼得所做的不过就是解放了这些机器，并使它们拥有了人性，虽然用了调侃式的反乌托邦形式。

33. Thomas Fuchs: *Kopf oder Körper*, in: *Ruperto Carola* Nr. 5, 2014, S. 18-25, dort S. 20.

34. 同上，S. 18。Fuchs 在他的经典著作 *Das Gehirnein-Beziehungsorgan* 中并不是偶然从大脑开始讲起的。关于他的整个思想体系参见 Thomas Fuchs: *Leib, Raum, Person. Entwurf einer phänomenologischen Anthropologie*，Stuttgart, 2000。

35. Helmuth Plessner: *Lachen und Weinen*, in: ders. (Hg.), *Philosophische Anthropologie*, Frankfurt a.M. 1970, S.11-171, hier S. 40. Thomas Fuchs 在自己的著作中也继续发展了哲学家 Hermann Schmitz 提出的一些观点。关于 Schmitz 的著作，本书无法尽述，在本章中，我只是选择性地重点介绍了 Fuchs 的研究。Fuchs 作为一名医生，他在医疗实践中对人体获得的认识与我的论证非常贴合。此外他的研究中也包含了数字化所带来的改变。

36. 此处出现了一个我无法完全消除的矛盾。触觉专家 Martin Grunwald 认为现代是一个无实体的时代，而在 Plessner 和 Fuchs 看来，现代发现身体具有市场价值，是可塑形的，说明现代绝不是无实体的。或许这个矛盾并没有一开始看上去那么重要，Grunwald 的研究重点是身体的感觉和触摸，也就是 Fuchs 所说的几乎被现代社会遗忘的躯体的可触摸性。对于 Grunwald 和 Fuchs 来说，现代错误的道路始于笛卡尔的身心分离。对于将身体理解为机器的观点，两人可能都会表示怀疑。
37. Thomas Fuchs, *Körper haben oder Leib sein*, in: *Gesprächspsychotherapie und personenzentrierte Beratung* 3/15, S.147– 153, dort S.148. 当然，Fuchs 在文中也指出这个概念源自 Erich Fromm 1979 年的著作 *Haben oder Sein. Die seelischen Grundlagen einer neuen Gesellschaft*。
38. Fuchs: *Kopf oder Körper*, S. 20.
39. Fuchs: *Körper haben oder Leib sein*, S. 148.
40. 同上 S. 149。
41. Thomas Fuchs: T*he Virtual Other, Empathy in the Age of Virtuality*, in: *Journal of Consciousness Studies*, Vol 21, No. 5–6, May/June 2014, S. 153–170.
42. Fuchs 的这种观点类似于触觉研究专家 Grunwald，后者曾强调人类作为哺乳动物的本性。
43. Fuchs: *The virtual other*, S.170. 许多电话咨询师强调说，按照他们的经验，对于通过电话呼救的人而言，他人的声音能够让他们确定外面的世界是真实存在的。
44. 不过我认为，罗丹创作的试图拔去脚上刺的男孩雕像会成为其雕塑艺术中最感人的作品并非偶然，从这个雕像身上，我们能看到人会因脆弱而显得更有魅力。
45. Jean Améry: *Die Folter*, 1966, nachgedruckt in: DIE ZEIT, 23.12.2014. 我引用的是这个重印本，在网上很容易找到。

46. Thomas Fuchs: *Das Gedächtnis des Leibes*, in: *Loccumer Pelikan*, 3/12, S. 106.
47. 社会学家 Heinrich Popitz 用这些词来描述人类的处境，见上文。Heinrich Popitz 的父亲被纳粹折磨并杀害。从某些方面讲，酷刑很难装进一本以触摸为主题的书中。本书第一章从触觉的角度讲触摸，在这一章里没有它的位置，因为酷刑带来的痛苦与那里所讨论的痛苦没有共通之处（虽然我们可以像在埃默里的故事中一样从打在脸上的拳头开始讲起）。在回顾历史的第二章中，酷刑也很容易会陷入历史的相对化，仿佛它并不存在于当下。但是，现在社会中酷刑的野蛮变种也是存在的，对于今天那些没有遭受过伤害的人来说，这些变种就是难以忘记的丑闻。所以，我将埃默里对酷刑的回忆放在讲述躯体和被物化的身体的这一章。他的经历既是个人的，同时也能够代表过去和现在。
48. 关于这一点，见 Hartmut Rosas 对暴力的分类界定，unten S.151 f。
49. 同上。
50. Georg Büchner: *Lenz*, in: ders.: *Sämtliche Werke*, Bd. 1, Dichtungen, hg. von Henri Poschmann, Frankfurt a. M. 1992, S. 223–253, dort S. 225 bzw. S. 250.
51. 同上，S. 229 f。
52. 同上，S. 231。
53. 同上，S. 242。
54. 同上，S. 241。
55. 同上，S. 228。
56. 同上，S. 250。
57. Hartmut Rosa: *Resonanz. Eine Soziologie der Weltbeziehung*, Berlin 2016, S. 685.
58. 我在耶拿的“后成长式社会”研究会中参与了 Hartmut Rosa 的论著 Resonanz 写作阶段的讨论，所以我无法完全放开手脚去评论这部引起了广泛关注和讨论，并被翻译成多国语言的著作。但是，我希望能够在此章中提出一些自己对这个理论的思考。我在写作本书的过程中，曾经与 Hartmut Rosa 共同讨论，从书中读者们能够看到我们讨论的结果。

59. Rosa: *Resonanz*, S. 621.
60. 同上，S. 643。
61. 同上，S. 693。
62. 同上，S. 747。
63. 同上，S. 83。
64. 同上，S. 744。
65. 同上，S. 685。
66. 同上，S. 593。
67. Vgl. Elisabeth von Thadden: *Wie Hoffnung klingt*, in: DIE ZEIT, 16.7.2015.
68. Rosa: *Resonanz*, S. 685.

结束语：如履薄冰

1. Hans-Wilhelm Müller-Wohlfahrt: *Mit den Händen sehen*, Berlin 2018, S. 41.
2. www.bundesaerztekammer.de/presse/pressemitteilungen, 10.5.2018.
3. tagesschau.de, 19.12.2017.
4. Siehe oben, S. 76 f.
5. Egbert Tholl: *Der allerzarteste Kuss*, in: *Süddeutsche Zeitung*, 15.4.2018.
6. Paula Cocozza: *No hugging*, in: *The Guardian*, 9.3.2018.
7. Frederik Eikmanns: *Im Schlaf verdient*, in: *Süddeutsche Zeitung*, 23.5. 2018.
8. Paula Cocozza, a.a.O.
9. *Süddeutsche Zeitung*, 24./25.3.2018.
10. Helmuth Plessner: *Grenzen der Gemeinschaft, Eine Kritik des sozialen Radikalismus*, Frankfurt a. M. 2002 (zuerst 1924), S. 107.

11. Goethe: *Dichtung und Wahrheit, Hamburger Ausgabe* Bd. 10, München 1982, S. 84 f.
12. Goethe: *Gedichte*, Hamburger Ausgabe Bd. 1, München 1982, S. 131.
13. Goethe: *Der Mann von funfzig Jahren*, in: *Wilhelm Meisters Wander jahre*, Hamburger Ausgabe Bd. 8, München 1982, S. 212.

文献与资料

专著和论文

Piotr Adamowicz: *Gdansk according to Lech Walesa*, Gdansk 2013

Mazda Adli: *Stress and the City. Warum Städte uns krank machen*, München 2017

Philippe Ariès/Georges Duby (Hg.): *Geschichte des privaten Lebens*, Bd. 5: *Vom Ersten Weltkrieg zur Gegenwart*. Aus. dem Franz. von Holger Fließ-bach, Frankfurt a.M. 1993

Aristoteles: *Über die Seele*, in: ders.: *Philosophische Schriften in sechs Bänden*, Bd 6. Aus dem Griech. von Willy Theiler, bearbeitet von Horst Seidl, Hamburg 1995

Honoré de Balzac: *Die Frau von dreißig Jahren*. Aus dem Franz. von Konrad Harrer, Stuttgart 1992

Ders.: *Die Physiologie der Ehe*, Leipzig 1903

Barbara: *Es war einmal ein schwarzes Klavier. Unvollendete Memoiren*. Aus dem Franz. von Annette Casasus, Göttingen 2017

Zygmunt Bauman: *Retrotopia*. Aus dem Engl. von Frank Jakubzik, Berlin 2017

Fethi Benslama: *La Psychoanalyse à l'épreuve de l'Islam*, Paris 2002 (dt.: Psychoanalyse des Islam, Berlin 2017)

Ders.: *Le surmuselman*, Paris 2016 (dt.: Der Übermuslim, Was junge Menschen zur Radikalisierung treibt. Aus dem Franz. von Monika Mager und Michael Schmid, Berlin 2017)

Andreas Bernard: *Kinder machen. Neue Reproduktionstechnologien und die Ordnung der Familie*, Frankfurt a.M. 2014

Charles Bernheimer: *Figures of ill repute. Representing Prostitution in Nineteenth-Century France*, Cambridge, MA, 1989

Franz J. Brüggemeier/Lutz Niethammer: *Schlafgänger, Schnapskasinos und schwerindustrielle Kolonie*, in: Jürgen Reulecke/Wolfgang Weber: *Fabrik, Familie, Feierabend*, Wuppertal 1978, S.135– 177

Georg Büchner: *Lenz*, in: ders.: *Sämtliche Werke*, Bd.1, Dichtungen, hg. von Henri Poschmann, Frankfurt a.M. 1992, S. 223– 253

Stephanie und John Cacioppo: *Toward a neurology of loneliness*, in: *sychological Bulletin*, 2014, Vol.140, No. 6, S.1464– 1504

Michaela Christ: *Auf Entdeckungsreise – Heinrich Popitz' «Phänomene der Macht»*, in: *Soziale Passagen. Journal für Empirie und Theorie Sozialer Arbeit* 2/2010, S. 251– 254

Dies. und Christina Gudehus (Hg.): *Gewalt. Ein interdisziplinäres Handbuch*, Stuttgart 2013

Dies. und Maja Suderland (Hg.): *Soziologie und Nationalsozialismus. Positionen, Debatten, Perspektiven, Berlin* 2014

Melinda Cooper: *Life as Surplus. Biotechnology & Capitalism in the Neoliberal Era*, Seattle/ London 2008

Sylvie Consoli: *La tendresse. De la dermatologie à la psychoanalyse*, Paris 2003

Dietmar Dath: *Maschinenwinter. Wissen, Technik, Sozialismus*, Frankfurt a.M. 2008

Jacques Derrida: *On touching – Jean-Luc Nancy*, Stanford 2005

Denis Diderot: «Douleur», in: Jean le Rond d' Alembert/Denis Diderot (Hg.): *Encyclopédie, ou dictionnaire raisonné des sciences, des arts et des métiers*, Band 5, 1751

Ders.: «Jouissance», in: ebd., Band 8, 1765

Suzanne Degges-White: *Skin Hunger. Why you need to feed your hunger for contact*, in: *Psychology Today*, 7.1.2015

Klaus Dörner: *Helfensbedürftig. Heimfrei ins Dienstleistungsjahrhundert*, Neumünster 2012

Barbara Duden: *Geschichte unter der Haut. Ein Eisenacher Arzt und seine Patientinnen um 1730*, Stuttgart 1987

Jan Eckel: *Die Ambivalenz des Guten. Menschenrechte in der internationalen Politik seit den 1940ern*, Göttingen 2014

Shereen El Feki: *Sex und die Zitadelle. Liebesleben in der sich wandelnden arabischen Welt*, München 2013

Norbert Elias: *Über den Prozeß der Zivilisation. Soziogenetische und psychogenetische Untersuchungen*, Bd.1, Frankfurt a.M. 1997

Volker Epping: *Grundrechte*, 4.Aufl., Heidelberg 2010

Didier Éribon: *Rückkehr nach Reims*. Aus dem Franz. von Tobias Haberkorn, Berlin 2016

Didier Fassin: *Das Leben. Eine kritische Gebrauchsanweisung*. Aus dem Franz. von Christine Pries, Berlin 2017

Michel Foucault: *Überwachen und Strafen. Die Geburt des Gefängnisses*. Aus dem Franz. von Walter Seiter, Frankfurt a.M. 1977

Allen Frances: *Normal. Gegen die Inflation psychiatrischer Diagnosen*. Aus dem Engl. von Barbara Schaden, Köln 2013

Giovanni Frazzetto: *Nähe. Wie wir lieben und begehren*. Aus dem Engl. von Nele

Junghanns, München 2018

Thomas Fuchs: *Leib, Raum, Person. Entwurf einer phänomenologischen Anthropologie*, Stuttgart 2000

Ders.: *Das Gehirn – ein Beziehungsorgan*, Stuttgart 2008

Ders.: *Das Gedächtnis des Leibes*, in: *Loccumer Pelikan* 3/12, S.103- 107

Ders.: *Kopf und Körper*, in: *Ruperto Carola* Nr. 5, 2014, S.18- 25

Ders.: *The virtual other. Empathy in the Age of Virtuality*, in: *Journal of Consciousness Studies*, Vol. 21, No. 5- 6, May/June 2014, S.153- 170

Ders.: *Körper haben oder Leib sein*, in: *Gesprächspsychotherapie und personenzentrierte Beratung*, 3/15, S.147- 153

Peter Gay: *Die zarte Leidenschaft. Liebe im bürgerlichen Zeitalter.* Aus dem Engl. von Holger Fließbach, München 1987

Johann Wolfgang von Goethe: *Werke*. Hamburger Ausgabe, Band 1, hg. von Erich Trunz, *Gedichte und Epen*, München 1982

Ders.: *Der Mann von funfzig Jahren*, in: *Werke*. Hamburger Ausgabe, Band 8, hg. von Erich Trunz, *Wilhelm Meisters Wanderjahre*, München 1982, S.167- 225

John Green: *Schlaft gut, ihr fiesen Gedanken*. Aus dem Engl. von Sophie Zeitz, München 2017

Martin Greschat: *Die Zusammenbruchsgesellschaft*, in: Ellen Ueberschär (Hg.): *Der Deutsche Evangelische Kirchentag*. Wurzeln und Anfänge, Gütersloh 2017, S.19- 50

Karin Gröwer: *Wilde Ehen im 19. Jahrhundert: Die Unterschichten zwischen städtischer Bevölkerungspolitik und polizeilicher Repression*, Hamburg 1999

Martin Grunwald: *Homo Hapticus. Warum wir ohne Tastsinn nicht leben können*, München 2017

Michael Hagner: *Der Hauslehrer. Die Geschichte eines Kriminalfalls*, Frankfurt a.M. 2010

Yuval Noah Harari: *Homo Deus. Eine Geschichte von Morgen*. Aus dem Engl. von Andreas Wirthensohn, München 2017

Heinrich Heine: *Romanzero*, in: ders.: *Werke*, hg. von H. M. Greiner, Köln 1956, Band 1, S. 301- 466

Stefan-Ludwig Hoffmann: *Rückblick auf die Menschenrechte*, in: *Merkur*, 71.Jg., Jan. 2017, Nr. 812, S. 5- 20

Lynn Hunt: *Inventing Human Rights*, New York/London 2007

Eva Illouz: *Der Konsum der Romantik. Liebe und die kulturellen Widersprüche des Kapitalismus*. Aus dem Engl. von Andreas Wirthensohn, Frankfurt a.M. 2005

Dies.: *Warum Liebe weh tut. Eine soziologische Erklärung*. Aus dem Engl. von Michael

Adrian, Berlin 2012

Dies.: *Résilience*, in: *Le Monde*, 20.6.2016

Dies.: *Wa(h)re Gefühle. Authentizität im Konsumkapitalismus.* Aus dem Engl. von Michael Adrian, Berlin 2018

Katharina Inhetveen: *Körper.*, in: *Gewalt. Interdisziplinäres Handbuch,* hg. von M. Christ und Christian Gudehus, Stuttgart 2013, S. 203– 208

Hans Joas: *Die Sakralität der Person. Eine neue Genealogie der Menschenrechte,* Berlin 2011

Ders.: *Sind die Menschenrechte westlich?*, München 2015

Katharina Kakar: *Frauen in Indien,* München 2015

Immanuel Kant: *Idee zu einer allgemeinen Geschichte in weltbürgerlicher Absicht,* in: ders., *Werkausgabe in 12 Bänden,* Bd. XI, hg. von W. Weischedel, Frankfurt a.M. 1977, S. 33–50

Vera King: *Geteilte Aufmerksamkeit,* in: *Psyche,* August 2018

Marc-Uwe Kling: *Qualityland,* Berlin 2017

Reinhart Koselleck: *Vergangene Zukunft. Zur Semantik geschichtlicher Zeiten,* Frankfurt a.M. 1979

Ivan Krastev: *Europadämmerung. Ein Essay.* Aus dem Englischen von Michael Bischoff. Berlin 2017

Andreas Kruse: *Lebensphase hohes Alter. Verletzlichkeit und Reife,* Berlin/Heidelberg 2017

Bernd Ladwig: *Zwei Wege der Begründung von Menschenrechten,* in: *Die Unversehrtheit des Körpers,* hg. von Sibylle van der Walt und Chr. Menke, Frankfurt/New York 2007, S.187–214

Julia Laite: *Common Prostitutes and ordinary citizens. Commercial Sex in London 1885–1960,* London 2012

Alessandra Lemma/Luigi Caparotta (Hg.): *Psychoanalyse im Cyberspace? Psychotherapie im digitalen Zeitalter,* Frankfurt a.M. 2016

Stephan Lessenich: *Neben uns die Sintflut. Die Externalisierungsgesellschaft und ihr Preis,* München 2016

Gesa Lindemann: *Die Verkörperung des Sozialen. Theoriekonstruktionen und empirische Forschungsperspektiven,* in: Markus Schroer (Hg.): *Soziologie des Körpers,* Frankfurt a.M. 2005, S.114– 138

Dies.: *Weltzugänge. Die mehrdimensionale Ordnung des Sozialen,* Weilerswist 2014

Jack London: *Menschen der Tiefe. Reportage aus dem Londoner East End um 1900.* Aus dem Engl. von Erwin Magnus, Leipzig 2013

Steffen Mau: *Das metrische Wir. Über die Quantifizierung des Sozialen,* Berlin 2017

Anna Katharina Meßmer: *Überschüssiges Gewebe. Intimchirurgie zwischen Ästhetisierung und Medikalisierung*, Berlin/Heidelberg 2017

John Stuart Mill und Harriet Taylor-Mill: *Die Unterwerfung der Frauen*. Aus dem Engl. v. Jenny Hirsch, in: John Stuart Mill: *Ausgewählte Werke*, hg. von Ulrike Ackermann, Band 1, Hamburg 2012, S. 439– 561

Hans-Wilhelm Müller-Wohlfahrt: *Mit den Händen sehen*, Berlin 2018

Christina Newinger u. a. (Hg.): *Energie.wenden. Chancen und Risiken eines Jahrhundertprojekts*, München 2017

Thomas Nipperdey: *Deutsche Geschichte 1866–1918*. 1. Bd.: Arbeitswelt und Bürgergeist, München 1990

Barbara Nothegger: *Sieben Stock Dorf. Wohnexperimente für eine bessere Zukunft*, Wien 2017

Martha Nussbaum: *Creating Capabilities. The Human Development Approach*, Cambridge (MA) 2011

Dies.: *Political Emotions. Why love matters for Justice*, Cambridge (MA) 2013

Hellmuth Plessner: *Grenzen der Gemeinschaft. Eine Kritik des sozialen Radikalismus*, Frankfurt a.M. 2002 (zuerst 1924)

Heinrich Popitz: *Phänomene der Macht. Autorität, Herrschaft, Gewalt, Technik*, Heidelberg 1992

Andreas Reckwitz: *Die Gesellschaft der Singularitäten*, Berlin 2017

Olivier Remaud: *Solitude volontaire*, Paris 2017

Lyndal Roper: *Ödipus und der Teufel. Körper und Psyche in der frühen Neuzeit*. Aus dem Engl. von Peter Sillem, Frankfurt a.M. 1994

Dies.: Hexenwahn. *Geschichte einer Verfolgung*. Aus dem Engl. von Holger Fock und Sabine Müller, München 2007

Hartmut Rosa: *Beschleunigung. Zur Veränderung der Zeitstrukturen in der Moderne*, Frankfurt a.M. 2005

Ders.: *Resonanz. Eine Soziologie der Weltbeziehung*, Berlin 2016

Jean-Jacques Rousseau: *Emile oder von der Erziehung, 5. Buch, Sophie oder die Frau*. Deutsche Erstübertragung von 1762, vollständig überarbeitet von Siegfried Schmitz, München 1979, S. 469– 599

Ders.: *Diskurs über die Ungleichheit. Kritische Ausgabe des integralen Textes*. Aus dem Franz. von Heinrich Meier, 3.Aufl., Paderborn 1993

Andrea Sangiovanni: *Humanity without Dignity. Moral Equality, Respect and Human Rights*, London 2017

Hermann Schmitz: *System der Philosophie,* Bd. 2: Der Leib, Bonn 1965

Ders.: *Der gespürte Leib und der vorgestellte Körper*, in: Michael Großheim: *Wege zu einer volleren Realität. Neue Phänomenologie in der Diskussion*, Berlin 1994, S. 75– 91

Barbara Schönig u. a. (Hg.): *Wohnraum für alle?*, Bielefeld 2017

Juliet Schor: *Plenitude. The New Economics of True Wealth*, London 2010

Robert Seethaler: *Ein ganzes Leben*, Berlin 2014

Volkmar Sigusch: *Sexualitäten. Eine kritische Theorie in 99 Fragmenten,* Frankfurt a.M. 2013

Ders.: Das Sex ABC. *Notizen eines Sexualforschers,* Frankfurt a.M. 2016

Georg Simmel: *Das Individuum und die Freiheit,* Berlin 1984

Heike Springhart: *Der verwundbare Mensch*, Tübingen 2016

Charles Taylor: *Die Quellen des Selbst. Die Entstehung der neuzeitlichen Identität.* Aus dem Engl. von J. Schulte, Frankfurt a.M. 1996

Hans Jürgen Teuteberg: *Homo habitans*, Münster 1985

Birger Thureson: *Die Hoffnung kehrt zurück. Der Arzt Denis Mukwege und sein Kampf gegen sexuelle Gewalt im Kongo*, Frankfurt a.M. 2013

Sherry Turkle: *Alone together. Why We Expect More from Technology and Less from Each Other*, New York 2011

Greta Wagner: *Selbstoptimierung. Praktik und Kritik von Neuroenhancement*, Frankfurt a.M. 2017

Zacharias Wertheim: *Medicinische Topographie von Wien. Leben und Überleben im Biedermeier*, hg. von Attila Dunky und Herwig Knaus, Wien 1999

Clemens Zimmermann: *Von der Wohnungsfrage zur Wohnungspolitik. Die Reformbewegung in Deutschland 1845–1914*, Göttingen 1991

音乐专辑

Dota Kehr: *Alles Konfetti*, 2017

Marillion: *Marbles*, 2004

Pink Floyd: *The Wall*, 1979

报纸来源

Paula Cocozza: *No hugging: Are we living through a crisis of touch?*, in: *The Guardian*, 7.3.2018

Frederik Eikmanns: *Im Schlaf verdient*, in: *Süddeutsche Zeitung*, 23.5. 2018

Christiane Grefe/Tilman Santarius: *Der Stromhunger wächst*, in: DIE ZEIT, 31.1.2018

Tobias Haberl: *Anfassen, Berühren, Streicheln*, in: *Süddeutsche Zeitung*, 17.10.2008
Stefanie Kara: *Oxytocin, unsere Wunderdroge*, in: DIE ZEIT, 14.4.2016
Guido Kleinhubbert: *Immerhin kuschlig*, in: *Der Spiegel*, 1.4.2017
Caterina Lobenstein: *Er hört, wie sie schreien …*, in: DIE ZEIT, 21.4.2016
Dies.: *Warum verdient Frau Noe nicht mehr?*, in: DIE ZEIT, 7.12.2017
Margarete Moulin: *Die unterkuschelte Gesellschaft*, in: *tageszeitung*, 30.4./1.5.2016
Elisabeth von Thadden: *Komm, schöner Tod*, in: DIE ZEIT, 20.12.2013
Dies.: *Wo Helfen hilft*, in: DIE ZEIT, 19.4.2012
Dies.: *Wir sind Brüder, Gespräch mit Philippe Pozzo di Borgo*, in: DIE ZEIT, 29.11.2012
Dies.: *Luft und Liebe, Besuch bei André und Dorine Gorz*, in: DIE ZEIT, 22.9.2007
Dies.: *Über den Tod hinaus, Nachruf auf André und Dorine Gorz*, in: DIE ZEIT, 28.9.2007
Dies.: *Sigmund Freud – war er ein guter Vater?*, in: DIE ZEIT, 27.5.2010
Dies.: *Brutalste Aufklärung*, in: DIE ZEIT, 30.9.2010
Dies.: *Den Tod genießen. Gespräch mit Fethi Benslama*, in: DIE ZEIT, 30.3.2017
Dies.: *Und wer bist Du? Über den Film «Meine glückliche Familie»*, in: DIE ZEIT, 12.7.2017
Dies.: *Fingerspitze ohne Gefühl. John Greens Roman «Schlaft gut, Ihr fiesen Gedanken»*, in: DIE ZEIT, 10.1.2018

文件、统计资料

Polizeiliche Kriminalstatistik BRD, Jahrbuch 2016, Band 2, Wiesbaden 2016
Siebter Altersbericht der Bundesregierung, November 2016
Sechster Pflegebericht der Bundesregierung, Dezember 2016
Zweiter Gleichstellungsbericht der Bundesregierung, Juni 2017
Daten des Portals statista, gedruckt in: Factbook Einzelhandel, Neuwied 2012
Dossier Megatrends des Datenportals statista, 2017
Statistisches Bundesamt
Barmer GEK Pflegereport 2015

致 谢

这本书从耶拿“天堂”火车站开始讲起并不是偶然，因为在它从一张张记录中逐渐成形的过程中，我一直在耶拿和汉堡的火车站之间来回往返。德国科学基金会的“后成长式社会”研究会就在耶拿的洪堡大街上，我从 2012 年起成为那里的研究员，而汉堡则是《时代周报》编辑部的所在地。感谢这两个机构对我的慷慨帮助。

在耶拿的研究所里，我在与哈特穆特·洛萨的对话中，见证了他共鸣论的产生。如果没有这样持续影响着我的对话，就不会有现在这本书。此外还有耶拿的诸位博士生、负责人、工作人员、大学生和研究员们，我不知该如何表达对他们的谢意。这里，我想至少提及其中的两位，感谢芭芭拉·穆拉卡，感谢她在 2012 年夏帮我在耶拿扎下根来；我还要感谢米夏埃拉·克里斯特，正是在跟她的那些风格跳跃的对话中，我当时还很粗糙的第一篇论文才逐渐有了清晰的思路。

在汉堡，妮娜·鲍尔、马克西米利安·普洛普斯特和路易莎·莱西施泰特从一开始就慷慨地与我分享他们的想法，并鼓励我将当时还搁置一旁的这本书写出来。如果没有同事们在收集资料过程中的睿智，没有唐雅·凯穆纳的支持，这本书是很难问世的。我要感谢所有那些在漫长的对话中与我分享自己所学所知，还有自已时间的人，特别是莱比锡的触觉研究专家马丁·格伦瓦尔德、汉堡的按摩师比尔特·哈尔斯塔特、法兰克福的社会心理学家维拉·金。我同样要感谢的还有埃尔克、克里斯蒂亚娜、马蒂亚斯、乌琳卡、爱娃、约翰娜、伊尔敏嘉德、苏珊娜、阿妮塔、施特菲、克里斯蒂娜、莱因哈特，三位约阿希姆，以及克里斯蒂安一家，感谢他们与我的无数次对话和散步。他们不知疲倦地将自己作为记者、历史学家、医生、社会学家、法律工作者和知人者的知识分享给我，带着批判的精神阅读我的手稿，并作为朋友给写作中的我以鼓励。我给母亲朗读了正在形成中的书稿，这种“特权”，我和我的书都很享受。书稿细节中可能依然存在错误，我对此承担所有责任。贝克出版社的戴特勒夫·菲尔肯和塞巴斯蒂安·乌尔里希不惜时间成本所做的一切，对于写书的人而言，可遇而不可求。

我在汉堡不是从主火车站下车，而是从戴姆多站下车，这是因为从那个车站去我最要感谢的人那里的路是最近的：罗兰，他是我的第一位读者，也是一位非常严格的读者。还有菲利普和卡洛琳娜，即便他们人在玻利维亚或者北极，也总是离我很近。当然还有莉莉，据我所知，她是非接触式社会方面最聪明的专家。我要将这本书献给他们。